CARO LEITOR,

Queremos saber sua opinião sobre nossos livros.

Após a leitura, curta-nos no facebook.com/editoragentebr, siga-nos no Twitter **@EditoraGente**, no Instagram **@editoragente** e visite-nos no site www.editoragente.com.br.

Cadastre-se e contribua com sugestões, críticas ou elogios.

NATANAEL OLIVEIRA

CLIQUE AQUI

APRENDA A TRANSFORMAR CLIQUES EM VENDAS ON-LINE COM AÇÕES IMEDIATAS PARA EXPANDIR O SEU NEGÓCIO NO MERCADO DIGITAL

Diretora
Rosely Boschini

Editora
Franciane Batagin Ribeiro

Assistente Editorial
Alanne Maria

Produção Gráfica
Fábio Esteves

Preparação
Algo Novo Editorial

Capa e Projeto Gráfico
Mariana Ferreira

Diagramação e Ilustrações de Miolo
Linea Editora

Revisão
Wélida Muniz
Andréa Bruno

Impressão
Gráfica Rettec

Copyright © 2021 by Natanael Oliveira
Todos os direitos desta edição
são reservados à Editora Gente.
Rua Original, 141/143 – Sumarezinho
São Paulo, SP – CEP 05435-050
Telefone: (11) 3670-2500
Site: www.editoragente.com.br
E-mail: gente@editoragente.com.br

Dados Internacionais de Catalogação na Publicação (CIP)
Angélica Ilacqua CRB-8/7057

Oliveira, Natanael
  Clique aqui: aprenda a transformar cliques em vendas on-line com ações imediatas para expandir o seu negócio no mercado digital / Natanael Oliveira. - São Paulo: Editora Gente, 2021.
  208 p.

  ISBN 978-65-5544-148-2

  1. Marketing de rede 2. Vendas I. Título

21-3486   CDD 658.8

Índice para catálogo sistemático:
1. Marketing de rede

NOTA DA PUBLISHER

Quando Natanael nos procurou para apresentar o projeto deste livro, tive certeza de que tudo daria certo. Como poderia ser diferente? Natanael é um autor dedicado, organizado, com conhecimentos valiosíssimos sobre o mundo do marketing digital. Seu primeiro livro conosco, Seja o empresário da sua ideia (2016), obra que ensina empreendedores a criar negócios do zero e que até hoje é um sucesso inquestionável, mostrou que Natanael não apenas dominava todas as skills que um autor de sucesso precisa ter, como também as combinava com autenticidade, potencial transformador e clareza.

De lá para cá, testemunhamos a mudança de mercado e vimos a internet se impor como uma realidade para todos aqueles que desejam se tornar empresários no Brasil. Hoje, ser digital é pré-requisito para todos os negócios, mas saber quais são as melhores estratégias para vender todos os dias on-line é essencial; e é por isso que a ideia deste livro é tão genial.

Clique aqui é fruto da visão de futuro de Natanael sobre estratégias que fazem qualquer um vender todos os dias on-line. É um livro que ensina estratégias de marketing fundamentais para pequenas, médias e grandes empresas. Em Clique aqui, Natanael compartilha técnicas de copywriting e headlines para gerar resultados em vendas de gigantes, porém, mais do que isso, ele ensina como soluções simples podem revolucionar vidas!

Ter o Natanael como autor de mais um lançamento tão importante é uma conquista para a Editora Gente. Espero que você aproveite a jornada tanto quanto eu aproveitei! Boa leitura.

Rosely Boschini
CEO e Publisher da Editora Gente

DEDICATÓRIA

PARA AS MINHAS FILHAS
MELISSA E ARIEL

SUMÁRIO

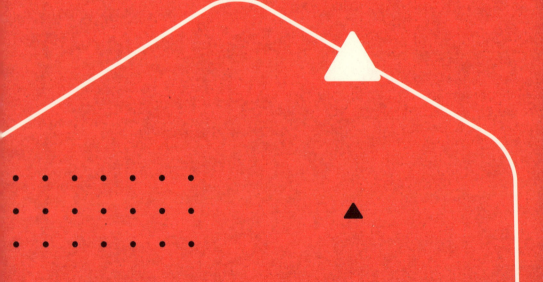

INTRODUÇÃO: O MARKETING DIGITAL QUE GERA RESULTADOS COMEÇA POR AQUI   12

PARTE 1: OS PILARES PARA VENDER TODOS OS DIAS MESMO QUE VOCÊ NÃO SEJA CONHECIDO   22

CAPÍTULO 1
O segredo para vender todos os dias: encontre a sua rotina mínima viável (RMV)   24

CAPÍTULO 2
Como implementar técnicas de vendas imediatas (TVI)   42

CAPÍTULO 3
Como construir uma rotina de vendas diárias para a sua empresa: as quatro fases   72

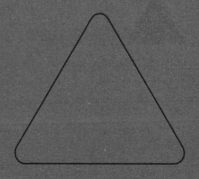

PARTE 2: CRIANDO OS PONTOS DE VENDAS ON-LINE: OS PILARES PARA ATRAIR NOVOS CLIENTES TODOS OS DIAS 90

CAPÍTULO 4
Os três tipos de cliente e como vender
para cada um usando a internet 92

CAPÍTULO 5
Como construir uma apresentação oficial
de vendas para o seu produto ou serviço 104

CAPÍTULO 6
Os botões de compra imediata instalados
na nossa mente 128

CAPÍTULO 7
As ideias para vender o seu produto/serviço
todos os dias: o que falar antes do clique aqui 138

PARTE FINAL: CONSTRUÇÃO DE AUTORIDADE ON-LINE   152

CAPÍTULO 8
O que gera autoridade não é apenas a qualidade do seu conteúdo – esse é o verdadeiro segredo   154

CAPÍTULO 9
Como tornar o seu nome uma fonte de credibilidade e autoridade   164

CAPÍTULO 10
A maneira mais poderosa de engajar a sua audiência   174

CAPÍTULO 11
O manual prático para a sua empresa vender todos os dias   184

INTRODUÇÃO

O MARKETING DIGITAL QUE GERA RESULTADOS COMEÇA POR AQUI

NÃO É NENHUMA NOVIDADE QUE A COMBINAÇÃO ENTRE INTERNET E VENDAS É ALGO QUE PODE LEVAR QUALQUER EMPRESA AO PRÓXIMO NÍVEL. NÃO IMPORTA QUAL É O NICHO DE MERCADO OU O PORTE DA EMPRESA, A INTERNET SE TORNOU UM PRÉ-REQUISITO.

O que antes era algo que somente potencializava os resultados, hoje se transformou no que garante a sobrevivência de uma empresa. E é bem aqui que entra um dos maiores desafios para muitos empreendedores: como fazer parte do grupo de pessoas que geram resultados extraordinários com o marketing digital?

Nosso primeiro passo nessa jornada envolve entender o que é apresentado no título do livro: como pessoas comuns estão gerando resultados extraordinários com o marketing digital. Antes, porém, preciso contar a você um pouco da minha história.

Dos meus 16 até os 18 anos, trabalhei como DJ em festas para adolescentes, e essa experiência teve grande impacto na minha vida. Aprendi, ainda muito jovem, que tudo na vida se trata de vendas. Não importa qual é a sua área de atuação, é preciso vender. No meu caso, eu precisava vender os ingressos das festas, promover e planejar o evento – e tudo isso ajudaria muito na minha jornada futura. Aliás, essa experiência foi crucial para eu decidir prestar vestibular para Publicidade e Propaganda – uma decisão muito importante na minha vida.

Mas, voltando um pouco no tempo, preciso contar um pouco sobre os meus bastidores como estudante, pois isso também o ajudará a entender como a dinâmica para vender on-line é bem mais simples do que você imagina. Nunca fui um aluno exemplar, muito pelo contrário. Minha mãe (aposentada como instrutora educacional) e meu pai (aposentado como vendedor de peças) só me pediam uma única coisa: "Estude!".

CLIQUE AQUI

A minha mãe trabalhava na Fundação Casa do estado do Ceará. Como atuava com jovens infratores em processo de ressocialização, ela era muito ocupada. Eu me sentia culpado quando ela era comunicada pela escola que o filho só poderia retornar à sala de aula com a sua presença. Era complicado.

Natanael, estou gostando da história, mas o que isso tem a ver com vender todos os dias? É simples: a minha história é a prova de que ==a diferença entre resultados comuns e resultados extraordinários está exatamente em dominar aquilo que poucos dominam.== Vou explicar melhor...

Com 19 anos, ainda no primeiro semestre da faculdade de Publicidade e Propaganda, comecei a trabalhar como operador de *plotter* digital. Eu não tinha nenhuma qualificação profissional, fui trabalhar carregando peso e cuidando de uma máquina de impressão. Estudava pela manhã, à tarde fazia um curso de web marketing e depois trabalhava das 18 horas até cerca de 1 ou 2 da manhã. O cheiro de solvente era tão forte na sala que, mesmo usando todos os equipamentos necessários, eu voltava para casa com a roupa "perfumada" pelo produto químico – e por isso a minha mãe me chamava de "homem solvente".

O meu salário, na época, era de 550 reais. Era um trabalho digno, eu estava muito grato pela oportunidade. Entretanto, eu não tinha exatamente o porte físico para aquela função. Era necessário carregar peso, adesivos, lonas; precisava ter uma certa força para trocar o material para impressão. Mas eu estava diante de uma grande oportunidade que mudaria a minha vida profissional.

Nessa empresa, como funcionário, eu tinha desconto nas impressões de banners e adesivos. Decidi, por conta própria, oferecer esses materiais nos centros comerciais de Fortaleza, a minha cidade natal. Em um fim de semana, consegui fazer uma venda que me rendeu uma comissão de 620 reais. Fiquei fascinado com aquilo! Sabia que poderia ganhar mais se eu vendesse mais. Não demorou muito e a empresa me convidou para trabalhar como vendedor – uau! Só tinha

INTRODUÇÃO: O MARKETING DIGITAL QUE GERA RESULTADOS COMEÇA POR AQUI

um problema: eu só conseguia vender batendo de porta em porta, e nem sempre era atendido.

Eu rodava a cidade de um lado para o outro, tentando ser recebido por algum empresário. E aos trancos e barrancos estava conseguindo bater as metas. Até que meu irmão, que na época era gerente comercial em uma empresa de telefonia, me convidou para trabalhar como vendedor na empresa dele. A diferença entre as oportunidades? Eu teria uma assistente agendando todas as minhas visitas. Era o paraíso, certo? Bom, o paraíso durou menos de sessenta dias, pois houve uma mudança na empresa e decidiram que os consultores deveriam agendar as próprias visitas.

Precisei voltar a vender de porta em porta. Aquilo era um sofrimento para mim e, obviamente, para as minhas vendas também. Eu ficava pensando: *Deve existir uma maneira mais eficiente de conseguir atrair clientes. Mas qual?*

Foi quando o marketing digital surgiu na minha vida.

Eu não sei exatamente qual é o cenário em que você se encontra hoje, nem a sua idade, nem o nível do seu negócio. Sendo bem honesto, porém, isso pouco importa. Quando você tem contato com o marketing digital pela primeira vez, um mundo de oportunidades se abre à sua frente. Entretanto, ao mesmo tempo, há um sério risco de perder tempo e dinheiro. São muitas possibilidades, o que pode deixar você confuso e travado quando tiver que decidir qual é a ação correta para o seu momento.

No último semestre da faculdade, chegou o momento de escrever o TCC. Na época, o Twitter estava ganhando força, e eu decidi falar sobre estratégias de marketing nessa rede social. Mal sabia que aquilo mudaria a minha vida por completo. Criei dois perfis na rede: um pessoal e outro para vender os planos telefônicos da empresa em que eu trabalhava.

É muito importante que você preste atenção nesse trecho da minha jornada, pois ele o ajudará a entender o que acontece nos dias de hoje. Naquele contexto, o Twitter era uma rede social equivalente

Quando você tem contato com o marketing digital pela primeira vez, um mundo de oportunidades se abre à sua frente.

INTRODUÇÃO: O MARKETING DIGITAL QUE GERA RESULTADOS COMEÇA POR AQUI

ao que é o Instagram hoje. Era lá que a gente conversava com os amigos mais próximos e, é claro, ficava conectado ao mundo digital. Existia uma necessidade de postar, de ter algo para falar, comentar o que estava acontecendo. Entretanto, eu estava em um momento muito delicado para investir tempo e energia em algo que não sabia se geraria resultados. Eu via os meus amigos ganhando notoriedade no Twitter, alguns começaram a participar de programas de televisão, dar entrevistas para canais locais... mas eu estava muito focado em encontrar um modelo de negócios que funcionasse. Foi então que decidi que focaria no Twitter que eu havia criado para vender planos telefônicos.

Até que algo aconteceu. O meu celular da empresa tocou e do outro lado alguém disse:

– É o Natanael? Consultor?

– Sim, sou eu.

– Preciso de um novo plano, você pode me ajudar?

– Claro, estou a caminho.

Fechei uma venda na maior facilidade. Fiquei felicíssimo. Não me aguentei e perguntei:

– Como você me encontrou?

– Eu pesquisei no Google, achei o seu Twitter, tinha o seu telefone e eu te liguei – foi a resposta.

Como assim me encontrou no Google?

Simples: o perfil estava indexado no Google, e por isso recebia vários contatos. Criei um site e comecei a atrair clientes todos os dias. Dessa forma, passei a acumular comissões cada vez maiores. Na época, eu estava noivo e, apenas com as comissões, consegui dar entrada em um apartamento novo e fechar o buffet do casamento com um valor bem maior. Achava que aquela seria a nova realidade.

Desse dia em diante, eu não precisava mais bater de porta em porta para vender, pois comecei a receber e-mails com pedidos de propostas. ==Foi nesse momento que experimentei pela primeira vez o que era vender todos os dias usando a internet.==

Um detalhe importante: as empresas que procuravam no Google por planos telefônicos já estavam decididas quanto à contratação. Além disso, geralmente eram empresas maiores. Ou seja, além de começar a vender usando a internet, eu estava gerando vendas com um ticket médio muito maior. Sem contar que a velocidade no fechamento da transação era muito acima da média.

Em outras palavras, eram vendas mais rápidas, fáceis e lucrativas. Cenário perfeito, exceto por um pequeno detalhe: eu não era o dono da empresa, apenas o vendedor de uma franquia.

Então algo inesperado aconteceu. Recebi um e-mail solicitando a remoção imediata do site que eu havia criado, com um alerta exigindo que eu não voltasse a fazer ações como aquela on-line. Passei dias sem acreditar naquilo; fiquei extremamente triste e inconformado com a situação. Até que tive um insight: se eu conseguia vender planos telefônicos, poderia vender qualquer coisa usando a internet. Decidi pedir demissão e comecei a usar a mesma estratégia on-line para atrair outros empresários.

Essa história completou dez anos em janeiro de 2021. Quando pedi demissão, montei a minha agência, que cresceu a ponto de eu precisar montar uma filial em São Paulo. Depois fui para os Estados Unidos para aprender novas estratégias, criei uma nova empresa de educação on-line chamada Marketing Com Digital e comecei a ensinar todas as estratégias que crio e aprendo sobre como vender todos os dias na internet.

Hoje temos mais de 40 mil alunos ao redor do mundo, mais de 100 mil vendas on-line, escrevi vários livros sobre marketing digital e já criei mais de mil agências. E sabe outra parte bacana dessa história? Há pouco mais de dois anos, fiz um evento para cerca de quinhentas pessoas. Meu pai, João Feitosa, e minha mãe, dona Jucileide, estavam sentados na plateia. Fico imaginando o que passava na cabeça deles. Lembravam-se do que os professores falavam ao meu respeito? "O seu filho não quer nada com estudos"; "Esse não vai longe, não quer estudar". Eles estavam ali, sentados, vendo aquela

INTRODUÇÃO: O MARKETING DIGITAL QUE GERA RESULTADOS COMEÇA POR AQUI

multidão aprendendo com o filho deles. Nesse evento, chamei meus pais para o palco e agradeci, diante de todo mundo, por tudo o que eles fizeram por mim – e foi difícil segurar as lágrimas.

Isso é o que eu chamo de algo extraordinário. Junte as duas peças: **pessoas comuns + resultados extraordinários**. Infelizmente, essa não é a história da maioria dos empresários que tentam vender usando a internet, muito pelo contrário. Eles investem, se dedicam e o resultado não vem.

Eu tive uma vantagem: precisava desesperadamente vender – falarei mais sobre as vantagens desse desespero, algo que eu gosto de chamar de Poder da Urgência, isto é, a capacidade de transformar a necessidade de conversão do empreendedor em sensação de urgência para o cliente, tornando-o mais suscetível a fazer uma compra. O meu maior motivador naquele contexto foram os boletos que eu precisava pagar. Eu não tinha como pagar as contas, precisava gerar caixa, não havia alternativa. Não dava para perder tempo com ações que não tivessem o propósito de gerar vendas imediatas. Se você observar com atenção, o cenário do brasileiro é praticamente o mesmo que eu vivi há dez anos, mas com personagens diferentes.

Existem empresas que neste momento estão vivendo uma situação parecida: elas precisam vender. No entanto, acabam entrando em uma rotina de mídias sociais baseada apenas em tentar alcançar fama e audiência, algo que, na prática, não gera resultados para a empresa. O que você precisa é de um planejamento de vendas que funcione para o seu momento.

Existem casos em que a empresa está travada, os números não mudam, elas não conseguem bater as metas, não conseguem sair do ordinário. Nessa situação, é preciso desenvolver estratégias de otimização dos resultados. No livro *Otimização de conversão*,[1] dos

---

[1] **SALEH, K. SHUKAIRY, A.** *Otimização de conversão*: a arte e a ciência de converter prospects em clientes. São Paulo: Novatec Editora, 2011.

CLIQUE AQUI

---

autores Khalid Saleh e Ayat Shukairy, é apresentado um conceito que a maioria dos empreendedores brasileiros desconhece. A obra fala sobre as macro e as microconversões. Macroconversões representam as ações gerais: como se cadastrar para participar de uma aula ao vivo. Já as microconversões são os pequenos avanços na conversão: como conseguir que o participante fique por mais de trinta minutos acompanhando a transmissão. Esses conceitos serão muito importantes durante a jornada dos próximos capítulos, pois o segredo para gerar resultados duradouros na internet está exatamente em dominar as macro e as microconversões.

E este é o meu compromisso com você neste livro: vou ensinar estratégias poderosas e rápidas de serem implementadas. Vamos eliminar tudo o que é desnecessário, tudo o que atrapalhará o seu caminho. Não preciso que você seja um especialista em marketing digital. O que eu vou lhe ensinar envolve ações práticas, objetivas e com claro propósito de gerar resultados em vendas para a sua empresa. Não sei se você era um bom aluno ou não. Talvez tenha feito parte da galera do fundão ou talvez tirasse boas notas, mas, quando chegou a hora de empreender, sentiu um peso diferente nas matérias da vida como empresário.

Honestamente, pouco importa. ==Durante as próximas páginas você terá a resposta para cada uma das suas perguntas quando o assunto é vender on-line.== Vou ajudá-lo a economizar tempo e dinheiro e você verá que existem estratégias que podem auxiliar a gerar resultados em vendas para o seu negócio ainda hoje.

Você é o meu convidado nessa jornada. Vamos comigo?

E este é o meu compromisso com você neste livro: vou ensinar estratégias poderosas e rápidas de serem implementadas.

PARTE 1

OS PILARES PARA VENDER TODOS OS DIAS, MESMO QUE VOCÊ NÃO SEJA CONHECIDO

CAPÍTULO 1

O SEGREDO PARA VENDER TODOS OS DIAS: ENCONTRE A SUA ROTINA MÍNIMA VIÁVEL (RMV)

CAPÍTULO 1: O SEGREDO PARA VENDER TODOS OS DIAS: ENCONTRE A SUA ROTINA MÍNIMA VIÁVEL (RMV)

EU NÃO SEI EXATAMENTE QUANTA EXPERIÊNCIA VOCÊ TEM COM O MUNDO DIGITAL. NÃO SEI SE VOCÊ DOMINA TODAS AS FERRAMENTAS, SE SABE CRIAR PÁGINAS, FUNIS OU AUTOMAÇÕES. TALVEZ VOCÊ NÃO FAÇA A MÍNIMA IDEIA DO QUE EU ESTOU FALANDO. E É POSSÍVEL QUE NÃO DOMINE 100% ALGUNS TERMOS COMO CTR, CPA, *CONVERSION RATE*, *DOUBLE OPT-IN*, AUTORESPONDER, PIXEL, *RETARGETING*...

Eu poderia até colocar um glossário explicando cada um desses termos, mas, acredite em mim, isso não fará nenhuma diferença neste momento. Peço que confie no processo deste livro e se concentre em construir uma ação simples para gerar resultados imediatos para a sua empresa.

Tão simples como clicar em algo em seu celular será a construção de uma ação de vendas para a sua empresa. Mesmo que você não seja conhecido ou tenha grande domínio das habilidades de vendas on-line, todos os tópicos apresentados de agora em diante serão consolidados em um guia final capaz de orientá-lo em cada uma das etapas rumo ao aumento do número de conversões do seu negócio.

A verdade é que existem grandes chances de que você não se considere um especialista em marketing digital e publicidade on-line. Talvez até reconheça que ainda há um longo caminho a ser trilhado. Em todo caso, em um primeiro momento, isso não é essencial. Você não precisa dominar todas as ferramentas e não precisa entender todos os termos para só então começar a gerar resultados.

==A sua empresa não pode esperar que você se torne um PhD no mundo digital para começar a faturar de verdade.== Mas lembre-se: não estou dizendo que a busca por especialização no mundo digital seja

25

Tão simples como clicar em algo em seu celular será a construção de uma ação de vendas para a sua empresa.

inútil; a minha defesa está relacionada ao tempo de cada um. Existe o momento de começar a vender usando a internet, o momento de otimizar as estratégias, ou seja, melhorar os resultados e, então, o momento de domínio completo e de escalar.

Em outras palavras, para começar a vender não se faz necessário o domínio conceitual e técnico de todas as disciplinas do mundo on-line. O objetivo deste livro é ajudá-lo a gerar resultados em vendas usando a internet de uma maneira prática e simples. Algo que se encaixe com facilidade na sua rotina. Sei que usar a palavra "fácil" pode soar um pouco estranho em um primeiro momento, ainda mais se você já estiver sofrendo as consequências de tentar fazer muitas ações ao mesmo tempo. Mas, acredite, é possível, sim! E o primeiro passo, que considero o grande segredo para vender todos os dias, envolve encontrar o que eu chamo de RMV (rotina mínima viável).

O QUE É UMA ROTINA MÍNIMA VIÁVEL E COMO COMEÇAR A VENDER USANDO A INTERNET, MESMO QUE VOCÊ SEJA LEIGO NO ASSUNTO?

Uma rotina mínima viável consiste na criação de um planejamento diário que você consiga executar sem grandes dificuldades para poder oferecer o seu produto ou serviço na internet. O primeiro passo para a construção da sua RMV é listar quais são as suas grandes habilidades e as principais fraquezas ou, como eu gosto de dizer, suas dificuldades temporárias.

Existem perguntas simples que podem ajudá-lo a entender quais são as melhores atividades para o seu momento. Por exemplo, o que é mais fácil para você agora: escrever um texto ou gravar um vídeo?

O vídeo é uma realidade no mundo digital, tanto no entretenimento como nas estratégias de vendas e engajamento do público.

CLIQUE AQUI

No entanto, isso não elimina o poder dos textos. Os dois formatos são complementares e você deveria usar ambos. Porém, se em um primeiro momento escrever parece mais fácil para você começar a promover o seu produto ou serviço, comece com um texto. Tudo o que você precisa é de uma página em branco para iniciar.

Entenda que não existe certo ou errado. Começar dessa maneira não significa que você não possa desenvolver outras habilidades, mas a pergunta é: o que é mais fácil para você hoje? Vamos imaginar que você não goste de gravar vídeos, que ainda não se sinta seguro, não se sinta confortável. Está tudo bem. Existem alternativas em um primeiro momento. O problema é que alguns encaram certos mitos como verdade absoluta.

"Eu preciso produzir vídeos para vender." – Mito

"Se eu produzir vídeos, isso pode impactar positivamente nos meus resultados." – Talvez

"Se eu criar vídeos com uma mensagem clara e persuasiva e apresentar uma oferta irresistível, posso aumentar as minhas vendas." – Verdade

A internet está repleta de mitos e certos tipos de verdades que muitos aceitam sem sequer questionar. Alguns empreendedores acreditam cegamente nesses mitos e nessas meias verdades e acabam travados em implementar algumas ações nas quais nem deveriam prestar atenção no momento.

No livro *O gestor eficaz*,[2] Peter Drucker compartilha um pensamento muito interessante: não existe nada tão inútil quanto fazer bem-feito aquilo que não deveria ser feito. A ideia central apresentada por Drucker é que o papel de um gestor não é apenas o de tomar decisões, mas o de tomar decisões que possam gerar os melhores

---

[2] DRUCKER. P. *O gestor eficaz*. São Paulo: Atlas, 1990.

CAPÍTULO 1: O SEGREDO PARA VENDER TODOS OS DIAS: ENCONTRE A SUA ROTINA MÍNIMA VIÁVEL (RMV)

resultados. Não se trata apenas de acertar, mas de alcançar o máximo possível em determinado cenário. Por exemplo, imagine que você tomou uma decisão que gerou um total de cem vendas para a sua empresa. Você esperava gerar oitenta e superou em vinte vendas. Mas uma outra decisão poderia ter gerado um resultado duas vezes maior.

Essa é a ideia de Drucker que nos ajuda a eliminar mitos do mundo digital, como o de uma empresa que precisa alcançar um "6 em 7" já nas suas primeiras ações de vendas. O termo "6 em 7" significa gerar seis dígitos de faturamento em sete dias de vendas. O problema dessa meta é que muitos empreendedores se concentram apenas no faturamento gerado e não no lucro. Imagine o cenário 1, no qual um empresário faturou 100 mil reais, teve um custo de 50 mil e demorou noventa dias para obter resultado. No cenário 2, um empresário investiu 100 mil reais e gerou um retorno de 60 mil em trinta dias. Agora vamos adicionar mais um elemento à comparação: o empresário do cenário número 2 consegue esse mesmo resultado, com previsibilidade, todos os meses. Já o empresário do cenário 1 só conseguiu gerar esse resultado uma única vez. Nessa situação, eliminamos dois grandes mitos no mundo digital: o mito dos dígitos e o da recorrência.

Muitos empresários acham que porque conseguiram gerar uma primeira ação de sucesso isso será algo contínuo. Muitos ficam iludidos com um alto faturamento, porém se esquecem de mensurar a margem de lucro. O problema é que a maioria só divulga o faturamento, criando a ilusão para os iniciantes de que é rápido e fácil acumular grandes fortunas no mundo digital. Isso aumenta a pressão por resultados rápidos e faz muitos profissionais seguirem um ritmo desnecessariamente acelerado, buscando por números que nem sequer conhecem de verdade. Por esses motivos, nós seguiremos uma linha prática, com foco nos números e na objetividade de cada etapa. É aqui que entra o conceito da RMV, que consiste em identificar tudo aquilo que você consegue fazer agora para gerar vendas para a sua empresa.

CLIQUE AQUI

Estou falando de ações imediatas, como gravar uma série de *stories* no Instagram com uma oferta para o seu produto ou serviço, gravar um vídeo para o YouTube respondendo a alguma pergunta específica da sua audiência e ofertando o seu produto, promover uma *live* de perguntas e respostas sobre o seu produto ou serviço em vez de ficar respondendo a perguntas aleatórias, e por aí vai. Não estou falando de algo para ser feito amanhã, no próximo mês ou quando você aprender algo novo; estou falando do que você pode fazer agora.

Mas fique tranquilo, pois eu vou conduzi-lo nessa jornada. Agora, vou explicar o conceito das três grandes objeções que afastam a sua audiência.

AS TRÊS OBJEÇÕES E COMO SUPERAR CADA UMA

Existem três grandes objeções que impedem o público de comprar o seu produto ou contratar o seu serviço:

1. **Urgência;**
2. **Confiança;**
3. **Necessidade.**

Vamos entender cada uma, mas, antes, precisamos compreender o que significa na prática uma objeção no momento da sua venda. No livro *Marketing 4.0*,[3] Philip Kotler fala sobre as mudanças que aconteceram ao longo dos últimos anos para que uma empresa gere conexão com o próprio público. A ideia apresentada por Kotler é que, para existir uma transação comercial, se faz necessária uma conexão. E isso criou um grande desafio para muitos empreendedores.

---

[3] KOTLER, P. *Marketing 4.0*: do tradicional ao digital. Rio de Janeiro: Sextante, 2017.

CAPÍTULO 1: O SEGREDO PARA VENDER TODOS OS DIAS: ENCONTRE A SUA ROTINA MÍNIMA VIÁVEL (RMV)

As pessoas confundem conexão com intimidade. Você não precisa obrigatoriamente ser íntimo para gerar uma conexão com alguém. Quando você está em uma loja e se sente muito bem atendido, isso pode gerar conexão com o vendedor, mesmo que não exista intimidade prévia. Em outras palavras, quebrar objeção significa criar uma conexão forte o suficiente para gerar uma ação de compra.

Vamos imaginar o processo de compra como uma linha reta, de aproximadamente 100 metros. Quando o seu cliente em potencial se interessa pelo seu produto ou serviço, ele avança sozinho metade do percurso, ou seja, 50 metros. É nesse momento que ele pode fazer três tipos de questionamento:

1. "Eu preciso disso agora?"
2. "Eu estou comprando no local certo?"
3. "Eu realmente preciso disso?"

Quando o seu cliente pergunta "Eu preciso disso agora?", é a objeção da urgência, ou seja, ele não está questionando se deveria comprar ou não, ele não está questionando se está comprando no lugar certo, a pergunta é: "Preciso comprar agora?".

Quando o cliente questiona se está "comprando no lugar certo" ou "contratando a pessoa certa", essa é a objeção da confiança.

Quando o cliente se questiona da necessidade do produto ou serviço, é a objeção da necessidade.

Em todo processo de vendas, as três objeções podem surgir de maneira isolada ou combinada. No livro *Receita previsível*,[4] de Aaron Ross e Marylou Tyler, é apresentado o conceito chamado Venda para o Sucesso. O autor defende que as vendas atualmente são artificiais, pois os vendedores não conseguem mostrar para o cliente que estão

---

[4] **ROSS, A.; TYLER, M.** *Receita previsível.* Belo Horizonte e São Paulo: Autêntica **Business, 2017.**

CLIQUE AQUI

preocupados com o sucesso dele. É aquela sensação de que estão apenas querendo empurrar o produto. Esse conceito casa bem com a ideia de Kotler sobre a necessidade de conexão para realizar uma venda nos dias de hoje.

Aaron Ross defende a ideia que o ser humano possui em si uma pressa para alcançar o sucesso ou resolver um problema urgente. Logo, quando ele encontra um produto ou serviço que mostre claramente essa oportunidade, a decisão da compra será algo rápido. Ou seja, urgente. Isso significa que, para quebrar a objeção da urgência, é preciso criar um cenário de ganhos e perdas muito claros na mente do público.

O que ele perde caso não compre agora? Um exemplo para quebrar a objeção da urgência envolve os bônus complementares. Por exemplo: imagine que eu ofereça o meu livro com um valor promocional de lançamento e, para os primeiros mil compradores, eu libere um treinamento on-line com quatro módulos, ensinando como criar um produto digital do zero.

O livro já possui o seu benefício, a sua oferta em si, porém, quando eu faço a adição de um novo elemento, no caso o bônus, e apresento um cenário de escassez para os primeiros mil compradores, isso cria senso de urgência na mente do público. Por isso é tão importante combinar os elementos na hora da venda. Você precisa garantir que as três objeções sejam eliminadas.

No livro *Empresas feitas para vencer*,[5] Jim Collins fala: "Primeiro quem e depois o quê". A ideia é que toda empresa de sucesso é criada por uma equipe competente em uma missão que vale a pena ser perseguida. O livro apresenta, em detalhes, os bastidores dos negócios que alcançaram sucesso duradouro, e o elemento humano é defendido em toda a obra. Isso nos ajuda a entender como o fator confiança continua sendo a base nas relações empresariais, tanto internas (equipes) como externas (mercado e clientes).

---

[5] COLLINS, J. *Empresas feitas para vencer*: por que algumas empresas alcançam a excelência... e outras não. Rio de Janeiro: Alta Books, 2018.

CAPÍTULO 1: O SEGREDO PARA VENDER TODOS OS DIAS: ENCONTRE A SUA ROTINA MÍNIMA VIÁVEL (RMV)

Na prática, é exatamente isso que quebra a objeção da confiança no seu público. A maioria comete o mesmo erro ao tentar mostrar que é alguém de confiança, pois acreditam que a melhor maneira de gerar credibilidade consiste em apresentar as suas credenciais. Mas isso não é o suficiente. Para construir confiança, ainda mais por meio da internet, você precisa compartilhar os bastidores das suas experiências com outros clientes.

Por exemplo, há cerca de seis anos conheci um empresário que estava vivendo os piores dias de vendas da sua empresa. Ele já tinha tentado várias e várias estratégias, mas nada funcionava. Ele me pediu ajuda e, em poucos dias, conseguimos aumentar as vendas. O que nós fizemos de tão milagroso? Bem, nós identificamos que o preço estava muito baixo e isso estava gerando uma percepção de que o treinamento não tinha muito valor agregado. Nós aumentamos o valor do produto, mudamos a apresentação oficial e começamos a anunciar para outro tipo de público. Antes ele anunciava para um público mais jovem, entre 20 e 30 anos. Começamos a nos concentrar em um público mais maduro, entre 40 e 60 anos. O resultado foi imediato. Durante a análise, usei uma ferramenta que gosto de chamar de Rastro do Lucro, que é uma análise que identifica o perfil dos compradores , isto é, por meio do compartilhamento de bastidores de venda do produto, focando as histórias dos clientes, é possível identificar o tipo de conteúdo no qual eles estão interessados, tornando o produto mais confiável, e o cliente um potencial comprador.

Repare na história acima com muita atenção, eu estou "me vendendo" enquanto narro a história de outra pessoa. O meu cliente é o personagem principal, o problema dele é o tema central da história. No entanto, eu apareço como o especialista que é capaz de identificar o problema e resolvê-lo da melhor maneira possível.

Esse tipo de narrativa quebra a objeção da confiança, cria conexão com o leitor e aumenta o desejo por uma solução imediata. Você precisa se tornar um excelente contador de histórias, narrar os bastidores de como o seu produto ou serviço transforma vidas. Isso

Para construir confiança, ainda mais por meio da internet, você precisa compartilhar os bastidores das suas experiências com outros clientes.

é mais poderoso do que simplesmente apresentar o seu currículo ou falar das características do produto.

Já a objeção da necessidade é eliminada por meio da experimentação, ou seja, você precisa fazer com que o cliente em potencial tenha algum tipo de contato com a sua solução. Antes disso, porém, você precisa entender em qual fase do ciclo está o seu produto ou serviço. Theodore Levitt apresenta o conceito do Ciclo do Produto no seu livro *A imaginação de marketing*.[6] A ideia central é que todos os produtos vivem as seguintes fases: introdução, crescimento, maturidade, declínio. O seu produto ou serviço pode ser percebido como algo desnecessário nos dois extremos. O primeiro na introdução, quando é algo muito novo e as pessoas ainda não o veem como importante, e o segundo quando é algo muito conhecido e alguns já o consideram irrelevante.

O seu carro não deve ser elétrico, é provável que utilize gasolina, álcool, diesel. No entanto, carros elétricos já existem e estão em fase de introdução na dinâmica da nossa sociedade. Talvez em sua última viagem você não tenha feito um pacote em uma agência de viagens; você mesmo pode ter feito o planejamento, pesquisado os hotéis, comprado as passagens, criado o próprio itinerário. Os ciclos podem ser diferentes e conviver em paz, mas você, como empresário, precisa entender qual é o ciclo do seu produto e qual é a melhor estratégia para criar necessidade de consumo. Sempre que escrevo um novo livro, a minha meta é falar sobre um assunto que seja relevante para o momento atual. Mesmo sabendo que os conceitos podem continuar relevantes nos próximos anos ou décadas, é mais fácil pensar em um assunto urgente.

No entanto, e ao mesmo tempo, a minha meta é criar uma necessidade nos leitores, despertá-los para a importância do digital com foco em resultados imediatos. Você precisa, o tempo todo, criar necessidade para o seu produto, seja para uma venda imediata, seja para

---

[6] LEVITT, T. *A imaginação de marketing*. São Paulo: Atlas, 1990.

uma compra futura. Theodore também diz o seguinte: "O propósito da empresa é obter e manter clientes". Repare na combinação das metas. Obter e manter. Isso significa que você precisa ter um olhar para o hoje e, ao mesmo tempo, um para o amanhã. Somente assim você conseguirá quebrar a objeção da necessidade do seu produto ou serviço. Não tenha medo de reconhecer que, talvez, o seu produto já esteja ficando ultrapassado, e que é preciso providenciar uma nova roupagem. A melhor maneira de quebrar a objeção da necessidade é olhar para os clientes que você já possui e pensar o seguinte: "Do que eles precisam agora?".

Se partir por esse olhar, conseguirá identificar que, muitas vezes, olhar para os clientes que a empresa já possui é o que gerará mais e novos clientes para a sua empresa. Um exemplo prático: eu ensino marketing digital há dez anos e, é óbvio, tenho muitos alunos para analisar. Em uma pesquisa recente, descobri que muitos dos meus alunos estão com dificuldades para formar profissionais para a sua equipe interna. Foi por isso que criei um programa para formação de equipe.

Montei esse programa para vender para os meus alunos, pessoas que já me conhecem e confiam no meu método. Porém, conhecendo os conceitos do ciclo do produto apresentado por Levitt na década de 1960, passei a oferecer esse produto também para quem não me conhecia. O resultado foi extraordinário, e eu consegui criar necessidade em um público que nunca havia tido contato comigo. Consegui, ao mesmo tempo, atender os meus clientes de longo prazo e atrair novos clientes.

REVISÃO GERAL DAS TRÊS OBJEÇÕES E O SEU PODER PARA VENDER TODOS OS DIAS USANDO O MARKETING DIGITAL

Eu apresentei as três grandes objeções: urgência, confiança e necessidade. Você concorda comigo que esse é um primeiro

CAPÍTULO 1: O SEGREDO PARA VENDER TODOS OS DIAS: ENCONTRE A SUA ROTINA MÍNIMA VIÁVEL (RMV)

conhecimento básico que todos deveriam ter antes de tentar vender usando a internet?

==O que adianta você começar a gravar vídeos e *stories* no Instagram sem conhecer o conceito das três grandes objeções?== Se você identificou que o seu público, neste momento, possui uma grande objeção de confiança, os seus *stories*, vídeos e conteúdo precisam quebrá-la.

Isso é o básico para planejar a sua RMV. Dependendo do momento do seu público, existem atividades que você deve priorizar. Para vender usando a internet é preciso ter um bom entendimento sobre como o seu cliente em potencial se sente em relação ao seu produto e serviço neste exato momento. Em segundo lugar, você definirá o que é viável para executar todos os dias.

Ou seja, primeiro determinaremos o que você precisa falar e como você deve falar na internet. Depois disso, poderemos seguir para um cronograma de atividades que seja viável de encaixar na sua rotina. Em outras palavras, primeiro definiremos aquilo que será o mais poderoso para ajudar você a começar a vender, ou a vender mais, e em seguida partiremos para a definição dessa rotina.

Essas primeiras perguntas o ajudarão a entender o seu cenário atual. Cada conceito será aprofundado nos próximos capítulos.

Vamos às perguntas:

1. O seu público já reconhece que precisa do seu produto/serviço?
2. O seu público costuma comparar o seu produto/serviço com o dos seus concorrentes?
3. O seu público costuma deixar a compra para depois? (Eu vou comprar depois que...) (Eu vou comprar, mas não agora.)
4. O que você tem de diferente?

37

UM PASSO DE CADA VEZ: COMECE VENDENDO

Eu não sei qual é a sua experiência com o mundo das vendas on-line, mas acompanhando os bastidores de plataformas de vendas pela internet que possuem centenas de milhares de brasileiros cadastrados, como a empresa Eduzz, podemos identificar que existem três cenários principais:

1. Aqueles que estudavam muito e ainda não entenderam nada;
2. Aqueles que estão começando agora e acham que precisam estudar tudo de uma só vez;
3. Aqueles que começaram com um plano perfeito para o seu momento.

Eu nem preciso dizer que os novatos no mundo digital que decidem estudar tudo de uma só vez ficam completamente perdidos e acabam desistindo. Essa é uma realidade de muitas pequenas e médias empresas brasileiras. ==É muito importante escolher com cuidado as ações nas quais a sua empresa investirá tempo e dinheiro.==

É imprescindível que você entenda a diferença entre começar a vender usando a internet e dobrar ou triplicar as vendas por meio da internet. Se você nunca fez uma venda on-line, precisa começar com estratégias mais simples para alcançar a sua primeira venda.

Se já tem um bom volume de vendas, se concentrará em estratégias mais avançadas, correto? Pois bem. O problema é que iniciantes estão tentando implementar a mesma rotina que as pessoas que já vendem na internet há muitos anos.

Quando você está iniciando no mundo do marketing digital, é normal que comece sozinho e busque por referências no seu mercado. Mas existe um cuidado que você precisa ter que é o exercício de analisar a jornada de pessoas mais experientes. Quando comecei no mercado digital, eu demorava um tempo bem maior para produzir algum tipo de conteúdo de vendas. Logo, isso reduzia o meu volume de produção.

Hoje em dia, consigo gravar vídeos e escrever e-books com uma velocidade muito superior, o que aumenta a minha produtividade.

É inviável pensar que um novato terá a mesma capacidade de produção que eu tenho hoje. No começo, eu trabalhava sozinho, hoje tenho uma equipe que me ajuda. É uma equipe muito enxuta, pois esse é o meu modelo de negócios, mas é uma equipe. Existem muitas estratégias que são utilizadas no mundo do marketing digital que a lista de pré-requisitos é bem considerável e, por isso, dificilmente um iniciante conseguirá.

Você provavelmente deve ter visto algumas *lives* no Instagram acontecendo em horários inusitados, como cinco horas da manhã, seis horas. Essa foi uma estratégia utilizada por alguns empreendedores que já tinham uma audiência considerável. Eles conseguiam colocar dezenas de milhares de pessoas nessas transmissões. Inspirados nesse movimento, iniciantes começaram a fazer o mesmo, porém acordavam cinco horas da manhã para falar para dez, doze pessoas. Imagine quão frustrante isso pode ser.

Esse é um cuidado importante que os novatos precisam ter. Não adianta tentar modelar algo que está sendo feito hoje: o segredo para o seu futuro no marketing digital está no passado. É preciso levantar as estratégias que dificilmente irão mudar, estratégias imutáveis, criar uma base para conduzir a sua empresa que não segue uma moda do momento.

Existem estratégias que permitem gerar resultados contínuos, sem a exigência de acompanhar alguma ação que funciona somente por um pequeno intervalo de tempo. Além disso, quanto mais pessoas repetem as mesmas estratégias, menor será a sua eficácia. Logo, o mais inteligente é entender os princípios das vendas on-line e criar o modelo que irá funcionar para a sua realidade, ou seja, uma busca por previsibilidade e controle dos seus resultados.

Se você observar com atenção o seu *feed* de notícias no Instagram, perceberá como os anúncios são parecidos, como as pessoas estão sempre usando as mesmas estratégias, sem se importar com a experiência, a audiência ou os resultados em vendas. É importante que você entenda qual é o seu nível de conhecimento no momento e o que pode fazer agora para gerar resultados. Naturalmente, quanto

CLIQUE AQUI

mais conhecimento você adquirir, mais inovação conseguirá adicionar às suas estratégias. No entanto, mesmo que o seu conhecimento seja nível 1, já é possível que você tenha resultados suficientes para o crescimento da sua empresa. Não é apenas ter conhecimento acumulado, mas ações implementadas da maneira correta.

A grande pressão para os novatos no mundo digital está na presença on-line e na construção de autoridade, relacionamento, audiência etc. Não estou dizendo que não é importante você construir uma presença forte nas mídias sociais. Não é isso. Mas existem fases, é preciso dar um passo de cada vez. E, ao contrário do que muitos ensinam, defendo que você precisa começar vendendo.

Antes de ter uma presença on-line, você precisa montar uma fonte de lucro on-line. ==Ou seja, em vez de apenas começar a gravar vídeos e mais vídeos, postar dicas e mais dicas, você deveria começar apresentando o seu produto ou serviço.== Eu vou dar um exemplo prático: imagine um personal trainer. Muitos vão para a internet e começam a dar dicas de treinos. Gravam vídeos e mais vídeos. Não oferecem o próprio serviço, ficam apenas entregando conteúdo.

O que eu recomendo?

É simples. Esse personal deveria postar o seu primeiro vídeo dizendo:

"Oi, meu nome é João e nesse vídeo eu vou explicar como funciona o meu serviço como personal, como eu ajudo os meus clientes, os erros que vejo as pessoas cometendo. No fim do vídeo, vou explicar como você pode entrar em contato para agendar uma primeira aula gratuita. Vamos lá?"

Percebe como essa é uma linguagem muito mais direta e objetiva?

Essa é a grande oportunidade para vender usando as mídias sociais e o e-mail marketing. O primeiro assunto da conversa sempre será este: "Como o seu produto/serviço pode ajudar agora". No próximo capítulo vamos entender qual será a estrutura para iniciar as vendas on-line da maneira mais simples possível.

Preparado?

É muito importante escolher com cuidado as ações nas quais a sua empresa investirá tempo e dinheiro.

CAPÍTULO 2

COMO IMPLEMENTAR TÉCNICAS DE VENDAS IMEDIATAS (TVI)

CAPÍTULO 2: COMO IMPLEMENTAR TÉCNICAS DE VENDAS IMEDIATAS (TVI)

RECENTEMENTE, CONVERSEI COM UMA EMPRESÁRIA QUE AINDA SE SENTIA MUITO PERDIDA COM O UNIVERSO DIGITAL. ELA SEMPRE FOI DO MUNDO OFF-LINE E CONSEGUIA VENDER MUITO BEM ASSIM. COM O INÍCIO DA PANDEMIA, PORÉM, AS PALESTRAS PRESENCIAIS FORAM INTERROMPIDAS E, COM ISSO, ELA PRECISAVA APRENDER A VENDER USANDO A INTERNET.

Existe um conflito natural na transição do off-line para o on-line. É normal que um empresário do mundo off-line se sinta completamente perdido quando inicia no marketing digital; porém, na prática, isso não deveria acontecer. A verdade é que os empresários do mundo off-line têm muito a ensinar para os do mundo on-line. Na internet ainda existe receio de oferecer o produto/serviço, pois há o mito que diz que, se você oferece o seu produto, pode criar uma imagem de "vendedor chato".

Parte desse conceito foi popularizado pelo livro de Chris Anderson chamado *Free: o futuro dos preços*.[7] Na obra, o autor apresenta os bastidores da estratégia para a criação de conteúdo ou serviços gratuitos como base de uma estratégia de vendas. No entanto, na minha visão, houve uma má interpretação do conceito. Na capa do livro consta a seguinte chamada: "As estratégias de gigantes como Google, YouTube e Financial Times para oferecer produtos gratuitos e mesmo assim serem empresas bilionárias".

Há uma grande diferença entre uma estratégia utilizada pelo Google ou pelo Financial Times e uma aplicação para um pequeno negócio. Esse é o primeiro ponto. A ideia de produzir materiais

---

[7] **ANDERSON, C.** *Free*: o futuro dos preços. Rio de Janeiro: Campus-Elsevier, 2009.

gratuitos para atrair novos clientes é extremamente válida; no entanto, não significa que essa será a única estratégia da empresa. Nesse contexto, as empresas do mundo off-line já entenderam o que funciona para atrair clientes.

Além disso, tudo o que uma empresa faz no mundo off-line tem relação direta com o seu produto ou serviço. Se uma empresa vende roupas, a loja pode anunciar que está chegando uma nova coleção com modelos exclusivos e ofertas especiais para os primeiros clientes. Essa é a oferta. Utilizando a estratégia do *free*, a dona dessa empresa no mundo on-line pode gravar dicas de moda, criar looks e, no fim do vídeo, apresentar a oferta.

Essa é a parte que falta no entendimento de muitos profissionais. A estratégia do *free* é uma atração para uma oferta imediata, e não um momento para ficar ensinando sem um propósito claro. Ainda no exemplo da dona da loja, ela apresentaria dicas de moda, criaria looks e imediatamente faria a oferta para o público, caracterizando como a estratégia do *free*. No livro, Anderson diz o seguinte: "Grátis pode significar muitas coisas, e esse significado tem mudado ao longo dos anos". A obra foi publicada em 2009 e continua extremamente atual; no entanto, é preciso entender que, naquele cenário, o *free* não era a regra, era a exceção. Hoje, o cenário é completamente diferente e extremamente prejudicial para a maioria dos pequenos e médios empresários. De um lado, temos empresários do mundo on-line que se sentem pressionados pela produção intensa de conteúdo gratuito. Do outro, empresários do mundo off-line que estavam acostumados a oferecer os produtos fora da rede, sentindo-se obrigados a adotar um novo modelo que, na prática, não gerará o resultado financeiro esperado.

Mas vamos voltar à história da empresária. Ela assistiu a uma palestra on-line minha e disse que tudo parecia tão simples que ela chegou até a desconfiar de que não funcionaria. Entretanto, decidiu fazer um post no seu Instagram, seguindo o passo a passo que eu havia ensinado. O resultado? Ela começou a receber pedidos de pessoas querendo saber mais sobre o seu treinamento on-line – que ela nem sequer tinha terminado de gravar. Ela me contou que, na hora, a única coisa que conseguiu pensar foi em enviar o seu PIX. Pois é. Ela não usou nenhuma ferramenta de pagamento oficial, nada de check-out ou página de vendas, enviou a chave PIX. Com as primeiras vendas, ela se apressou para concluir as aulas do novo treinamento. *Como eu consegui vender de uma maneira tão simples?*, era o que ela pensava. A alegria só não foi maior que a surpresa!

Não estou dizendo que você não precisa criar páginas de vendas, nem que não deve buscar profissionalizar as suas estratégias. **Só peço que você respeite o seu momento.** Se neste exato momento você ainda não tem o domínio técnico, foque a construção de uma conversa. Esta é a base para implementar a sua técnica de venda imediata: você precisa dominar a arte de criar conversas on-line sobre o seu produto/serviço. Simples assim!

Eu gosto de dizer que quem está disposto a conversar está disposto a comprar. No livro *Os 10 pecados mortais do marketing*,[8] de Philip Kotler, temos a explicação dessa frase logo no primeiro pecado: sua empresa não é suficientemente focada no mercado e orientada para o cliente. Na prática, isso significa não prestar muita atenção ao que o cliente quer. E não envolve apenas o produto ou serviço que ele deseja comprar, mas *como* ele deseja comprar.

Kotler explica que existem empresas que identificam perfis específicos de clientes no mercado e criam ofertas especiais para esse segmento. O argumento central envolve a necessidade de identificar qual é a atratividade do seu produto para cada segmento. Por exemplo, eu tenho treinamentos de marketing digital, ensino estratégias para

---

[8] KOTLER, P. *Os 10 pecados mortais do marketing*: sintomas e soluções. Rio de Janeiro: Sextante, 2019.

CLIQUE AQUI

gerar vendas todos os dias. Porém, trabalho com alguns segmentos diferentes: empresários, consultores, funcionários de empresas no setor de marketing. Quando eu converso com o empresário, preciso falar sobre vendas, faturamento, crescimento. No momento que a minha oferta é apresentada a um consultor, falo sobre domínio das estratégias, mais segurança em ajudar os clientes. Quando o mesmo produto é apresentado a um funcionário, eu foco os benefícios de ser certificado, de desenvolver novas competências.

==O perfil do seu cliente também define a maneira como ele deseja comprar o produto ou serviço, principalmente no ambiente on-line.== Alguns perfis não gostam da ideia de cadastrar o e-mail para receber um material gratuito, esperar dez dias para receber um vídeo, aguardar para entrar na lista de espera e, enfim, depois de mais de quinze dias, ter a chance de comprar o produto. Alguns preferem simplesmente enviar uma mensagem e conversar sobre a oferta.

Por isso que a base do *Clique aqui* envolve as estratégias de vendas imediatas, ou seja, estratégias que visam facilitar o processo de compra. Se você permite que uma pessoa converse com você sobre o seu produto ou serviço, isso provavelmente atrairá o seguimento de clientes mais preparados para uma compra imediata.

Se você prestar um pouco de atenção na maior parte das propagandas que acontecem dentro de um programa de televisão, verá que todas possuem o mesmo padrão. Eles fazem uma chamada específica com uma condição especial. Por exemplo: "Se você acessar o site agora, poderá usar o cupom X e liberar 10% de desconto em todas as compras" ou "Se você comprar hoje, vai levar a nova coleção com um brinde especial". Todos os anunciantes sabem que é preciso fazer uma oferta especial dentro de um contexto específico. Há pouco tempo, a empresa Fisk (escola de idiomas), que havia muito tempo não aparecia em propagandas em horário nobre, patrocinou uma prova no programa *Big Brother Brasil 21*.

CAPÍTULO 2: COMO IMPLEMENTAR TÉCNICAS DE VENDAS IMEDIATAS (TVI)

Foi uma prova "bate e volta" que aconteceu em um domingo – dia que representa um dos picos de audiência do programa. Ao fim da prova, foi feita uma oferta diferenciada: quem fizesse a inscrição teria uma condição bem especial. Aqui temos a união de dois elementos bem importantes: o programa na Rede Globo representa a audiência existente; a empresa Fisk, como anunciante, representa o criador da oferta.

Você não precisa criar uma audiência do zero para começar a vender, mas precisa de uma oferta incrível para audiências que já existem. Seja no Facebook, no Instagram, no YouTube etc. O problema é que a maioria dos novatos no mundo das vendas on-line começam cometendo o mesmo erro, pensando em *Como eu faço para criar a minha audiência?* quando, na verdade, deveriam se concentrar em *Qual é a oferta que eu posso criar agora para chamar a atenção da audiência que já existe?*

Mas como fazer isso na prática?

47

Você não precisa criar uma audiência do zero para começar a vender, mas precisa de uma oferta incrível para audiências que já existem.

Repare na imagem apresentada. Ela é um exemplo claro do que eu chamo de venda imediata. Abaixo do campo de pesquisa existe um texto simples: "Novo! Conheça o Nest Audio. Agora disponível no Brasil". Quando o usuário clica, ele é direcionado para a página de vendas do produto.

Quando o usuário clica, ele é direcionado para a página de vendas do produto, em que se depara com o seguinte texto: Som surpreendente e aquela ajuda em casa. É uma copy curta e direta, porém extremamente impactante.

Isso é o que eu chamo de *venda contextual*. Uso esse termo para apresentar esse cenário da experiência de compra como um todo, dividida entre a ação anterior, a apresentação da oferta e a oferta em si. O contexto do seu cliente é muito importante para definir a estratégia de vendas que será utilizada, principalmente no que diz respeito à construção de uma oferta que, na prática, representa os benefícios para quem comprar agora. Se eu fiz um post no Instagram oferecendo o meu produto/serviço e peço que você mande uma mensagem por *direct*, a conversa privada é o contexto da venda. Lá eu posso oferecer condições especiais.

Se você participou de uma *live* no Instagram e nos minutos finais eu apresento uma oferta apenas para os participantes, esse é o contexto da oferta, isto é, o ambiente no qual a oferta acontecerá. Imagine que você está fazendo o check-in para uma viagem internacional e no guichê a atendente diz: "Temos disponibilidade para um upgrade para a classe executiva. O valor oficial é de X reais, mas nós liberamos uma oferta especial por apenas Y para quem fizer o upgrade agora". A oferta nesse caso é o desconto de X por Y, o contexto da oferta é o momento do check-in, a escassez que está acontecendo naquele momento específico.

Você pode ter uma oferta para a sua lista de e-mails e uma variação para quem conversar pelo Instagram ou WhatsApp. ==Tenha mais de uma oferta, crie condições especiais baseadas no contexto do seu público.==

Mas agora vamos nos direcionar para um exemplo prático de como criar um contexto de vendas imediatas. Então imagine que você é um prestador de serviço, um personal trainer, por exemplo. Em vez de gravar vídeos dando dicas e mais dicas, você pode gravar um vídeo cinco minutos antes de começar um atendimento presencial:

"Fala, pessoal, aqui é o João, personal trainer. Em cinco minutos eu vou começar um atendimento presencial. Quero falar um pouco dos bastidores do treino que vou passar hoje, tudo baseado nas metas da minha cliente."

Ele está falando de algo prático, usando a própria rotina para criar um contexto de vendas. Sabe qual é o problema? A maioria acha que precisa ir a um estúdio, comprar uma câmera profissional, editar o vídeo, colocar legendas etc., mas isso não é verdade. Você pode pegar esse exemplo do personal trainer e levar para a sua área de atuação. Use a sua rotina como base para as suas ações de vendas. Lembre-se do que conversamos sobre a RMV (rotina mínima viável). Quer algo mais viável do que usar sua atividade principal para vender o seu produto/serviço?

Eu vou dar mais um exemplo prático. Neste exato momento, estou escrevendo mais este capítulo, certo? Eu posso pegar o meu celular e gravar a minha tela dizendo:

"Fala, pessoal, tudo bem? Estou aqui trabalhando no meu próximo livro.

Está ficando muito bacana. Lembrando que eu tenho um programa chamado Clube dos Autores. Esse é o curso em que eu ensino o meu método de escrita para criar livros que vendem todos os dias. Você pode mandar uma mensagem inbox para conhecer todos os detalhes."

Bingo! Simples assim!

E talvez você esteja pensando: *Mas eu não tenho audiência. Se eu começar a gravar, ninguém vai assistir, logo, não venderei.* Mas calma, respira! Um passo de cada vez. O que é melhor: criar audiência e ficar perdido sem saber o que fazer ou criar um sistema de vendas de alta conversão e, então, começar a atrair mais pessoas? O meu objetivo é primeiro ensinar como vender, como oferecer, como criar a sua rotina de vendas da maneira mais simples possível. Feito isso, podemos partir para as estratégias de construção de audiência qualificada – preste muita atenção nesta palavra: qualificada.

OS DOIS TIPOS DE VENDA IMEDIATA PARA ATIVAR AINDA HOJE

Existem duas maneiras diferentes para criar o que eu chamo de ambiente de alta conversão. Essa é a estratégia mestre para criar uma rotina capaz de gerar vendas diárias para a sua empresa. Entenda cada estratégia como um tipo de estímulo específico para criar o desejo de compra. Se você ficar utilizando sempre o mesmo estímulo, ele perderá força.

Como dito anteriormente, é importante que você faça uma análise do seu momento atual, isto é, o que será viável implementar em um primeiro momento. A estratégia número 1 é baseada na construção de uma oferta irresistível, ou seja, você se concentrará em criar algum tipo de apelo comercial para que o seu público sinta o desejo de comprar agora. A preocupação nessa estratégia está ligada aos motivos pelos quais é válido tomar a decisão de comprar agora. Descontos, bônus, modelos especiais, tudo aquilo que possa incentivar a decisão de compra é válido aqui.

Já a estratégia número 2 é baseada na experiência pré-venda, ou seja, na preparação do seu público para receber a oferta. Nesse caso, o seu planejamento envolve a construção de materiais que possam

CLIQUE AQUI

ajudar o público a entender os benefícios do seu produto/serviço e o contexto atual do público em questão, além de falar sobre os problemas que ele vive, explicar o que pode ser feito para resolver essa dor. Só depois disso é o momento de apresentar a sua oferta irresistível.

Vamos entender alguns exemplos práticos de como isso pode ser feito.

Estratégia número 1: oferta irresistível por tempo limitado

Nessa estratégia, você atrairá o público pela promoção em si. O destaque da sua comunicação será a oportunidade de realizar uma compra com um valor promocional ou com vantagens extras.

Vamos a um exemplo prático:

Para acessar o conteúdo é fácil! Basta apontar a câmera do seu celular para o QR Code ao lado ou digitar o link https://lp.marketingcomdigital.com.br/link-secreto/ em seu navegador.

Nessa página, faço a seguinte oferta: "Faça o seu cadastro para garantir um desconto de R$ 2.203,00". Estou dizendo que é necessário

CAPÍTULO 2: COMO IMPLEMENTAR TÉCNICAS DE VENDAS IMEDIATAS (TVI)

fazer o cadastro para comprar o meu curso com um belo desconto. O ideal dessa estratégia é utilizar produtos com temas populares, algo que as pessoas já tenham o desejo de comprar. É ótimo para vender produtos físicos, produtos digitais (cursos) e algum tipo de serviço presencial. A vantagem aqui está na criação de escassez e urgência, além de gerar comprometimento no público.

Em vez de simplesmente criar um anúncio que fale: "Ei, compra aqui, estamos com um desconto bem legal", eu falo: "É o seguinte, vou liberar algumas vagas com valor promocional. Se você tem interesse em entrar na lista de espera, faça o seu cadastro".

Isso ativa emocionalmente o público e gera comprometimento. Robert Cialdini explica, no seu livro *As armas da persuasão*,[9] que o ser humano tem o desejo de parecer coerente com as suas decisões, com o seu comprometimento. O autor também relata a história de um restaurante que sofria com reservas não utilizadas. As pessoas pediam para reservar uma mesa e acabavam não aparecendo e também não ligavam para avisar. Foi quando o restaurante adicionou uma única pergunta que resolveu o problema: "Posso confirmar que você virá?". A ideia de dar a palavra e gerar compromisso faz com que o público tenha o desejo de parecer coerente.

No caso da criação da lista de pré-venda, o benefício é duplo. Primeiro, o cliente está dizendo com uma ação clara que está disposto a comprar o produto, que tem, sim, interesse em adquiri-lo. O segundo benefício é a segmentação desse e-mail, ou seja, mesmo que não aconteça a compra logo após o cadastro, é possível enviar uma série de e-mails para lembrá-lo da oferta.

Além disso, o público sabe que é algo seleto, que não durará muito tempo. Isso cria uma tensão e você precisa saber de uma

---

[9] CIALDINI, R. *As armas da persuasão*: como influenciar e não se deixar influenciar. Rio de Janeiro: Sextante, 2012.

CLIQUE AQUI

coisa: *tensão gera atenção.* Se você conseguir a atenção do seu público, fica mais fácil despertar interesse, criar desejo e gerar ação de compra. Bingo!

Continuando o exemplo, quando o usuário faz o cadastro, ele é direcionado para a seguinte página:

 Para acessar o conteúdo é fácil! Basta apontar a câmera do seu celular para o QR Code ao lado ou digitar o link https://lp.marketingcomdigital.com.br/cerrtificacao-especialista-funil-para-instagram/ em seu navegador.

Como o usuário cadastrou o e-mail, posso também enviar lembretes avisando sobre o encerramento do desconto. Uma outra ação complementar que pode ser feita é ir diminuindo o desconto progressivamente. Por exemplo, pode começar dando um valor maior de desconto e, ao passar dos dias, reduzir o percentual. Quem comprar primeiro recebe um desconto maior; quem deixar para depois, um desconto menor. Isso cria um nível de urgência e escassez ainda maior, além de recompensar os clientes mais fiéis que realizaram a compra antes. O que mais funciona nessa estratégia é o sentimento de urgência que foi criado para quem aproveitou a oportunidade, e o de perda para quem deixou para depois.

É muito importante que você, leitor, entenda que as estratégias de marketing digital precisam de um olhar imediato e também de um olhar de longo prazo, ou seja, o mesmo cliente experimentará situações diferentes com o passar do tempo. Quando ele perde a oportunidade de um desconto maior, ele sabe que, em uma próxima campanha, isso pode voltar a acontecer. No entanto, existe uma ação complementar que pode ser feita para continuar elevando a sua taxa de conversão: o bônus proporcional.

Quando vendo o ingresso para um evento presencial, geralmente o primeiro lote possui o apelo do valor. Costumo fazer um desconto de 50% a 60% sobre o preço do ticket. Com o passar do tempo, o desconto é eliminado progressivamente, ou seja, o valor do ticket aumenta. Entretanto, outra ideia é adicionar, de forma proporcional, algum benefício na compra. No meu caso, começo vendendo os tickets na casa dos 500 reais; pouco mais de quinze dias depois, o valor aumenta para mil reais; no entanto, aquele que pagou o maior valor recebe um treinamento on-line como bônus.

Todas as ofertas precisam do elemento irresistível e, ao mesmo tempo, levar em consideração o contexto. Imagine a experiência de um cliente: ele viu uma oferta com o valor de mil reais pela metade do preço, então decidiu deixar para depois e o valor voltou a ser integral. Agora, ele é apresentado a uma nova oportunidade, que é comprar pelo valor integral e levar um treinamento on-line pelo valor de 500 reais. Se ele deixar para depois, perderá o curso e, se ainda tiver interesse em comprar o ticket, pagará um valor ainda maior no último lote.

CLIQUE AQUI

Vamos repassar um pouco do que expliquei até agora: a estratégia 1 se concentra em apresentar uma proposta irresistível por tempo limitado. Isso serve tanto para pessoas que já o acompanham como também para quem nunca sequer ouviu falar de você, do seu produto ou da sua empresa.

Esse tipo de oferta converte muito bem pessoas que já estão, de certa forma, interessadas em comprar, mas estão esperando por uma oportunidade irresistível. É comum gerar um grande pico de vendas no período de ativação dessa estratégia.

Mas, lembre-se, não é obrigatório dar um desconto. Porém, é necessário ter alguma vantagem real, algo que desperte a atenção. Se você conseguir combinar desconto + bônus, naturalmente a sua conversão será maior.

CAPÍTULO 2: COMO IMPLEMENTAR TÉCNICAS DE VENDAS IMEDIATAS (TVI)

Uma outra recomendação é: você não precisa fazer isso com o seu produto ou serviço principal. ==Se a sua empresa possui várias opções, escolha um produto que possa servir como porta de entrada para novas compras.== No meu caso, eu faço esse desconto na certificação on-line porque consigo atrair muitos alunos e, em seguida, ofereço a minha imersão on-line, que tem um valor bem maior.

Vou apresentar um exemplo prático: quinhentas vendas de 297 reais (certificação) me geram, em média, cem vendas de uma imersão de 997 reais. Ou seja, consigo gerar quinhentos novos clientes e, desses quinhentos, cem compram, de imediato, um segundo produto.

O que fazer com as pessoas que não compraram a imersão? Bom, eu posso oferecer um livro de 40 reais ou uma outra certificação por 297 reais. Eu sempre terei algo novo para oferecer. Por isso essa estratégia é tão poderosa: as pessoas passam a acompanhar você também pelas suas ofertas irresistíveis, e não só pelo conteúdo ou produto de qualidade.

Estratégia número 2: conteúdo de impacto + oferta irresistível

Essa é uma das estratégias mais poderosas que existem para construir uma audiência de leads qualificados. Antes de iniciar nela, porém, gosto de destacar a diferença entre construir uma lista de e-mails e construir uma lista de leads qualificados. ==Um lead é um cliente em potencial, e é importante que você entenda esse conceito.== Quando você faz a captura de alguma informação de um usuário, com o propósito posterior de vender, isso é uma geração de lead.

O problema é que, com a cultura do *free* apresentada anteriormente, muitos empresários se limitam a coletar e-mails de pessoas que não têm um perfil parecido com o de alguém que realmente comprará o produto/serviço. E assim acabam criando apenas uma lista de contatos, e não de potenciais clientes.

Seguindo os passos que vou apresentar, você poderá aumentar a sua visibilidade, construir autoridade on-line e, claro, gerar vendas imediatas para a sua empresa. A grande vantagem? Tudo ao mesmo tempo!

Vamos entender cada uma das etapas.

CLIQUE AQUI

10 MODELOS GRATUITOS DE COPY PARA VENDER TODOS OS DIAS.
(De R$ 47 por R$ 0)

Download gratuito – 40 páginas de pura prática e muito copywriting

Faça o download gratuito dos 10 modelos de copy para vender produtos/serviços usando a internet.

- **Estrutura Completa:** E exato passo a passo para escrever a sua copy como um copywriter profissional.
- **Escolhendo a Copy Perfeita:** Aprenda como escolher a estrutura de copy certa para o seu modelo de negócios.
- **Templates Completos:** Você terá acesso ao template completo de cada um dos 10 modelos de copy.
- **Preencha as Lacunas:** Você só precisa preencher os espaços em branco para criar uma copy altamente persuasiva.

Faça aqui o downloado gratuito
(De R$ 47 por R$ 0)

Para acessar o conteúdo é fácil! Basta apontar a câmera do seu celular para o QR Code ao lado ou digitar o link https://lp.marketingcomdigital.com.br/10-templates-de-copy-novo/ em seu navegador.

Nessa página eu ofereço um material gratuito. Mas não se deixe enganar; essa estratégia é bem diferente do que você já deve ter visto por aí. Começando pelo preço: em vez de prometer um e-book gratuito, dou a oportunidade de levá-lo por zero real. Parece a mesma coisa, mas não é. Posso vender esse material de tempos em tempos pelo preço que fizer sentido na estratégia do momento. O grande ponto é: não pare para escrever um material gratuito!

Crie algo para ser vendido e libere temporariamente por zero real. O problema de ficar criando materiais gratuitos está no processo de construção. A maioria tende a escrever algo básico, genérico, superficial. Quando o público baixa o material, até acha interessante, mas nada além disso. E tem aqueles que seguem no caminho contrário, criando algo absurdamente complexo, longo e, de certa forma, chato. Ninguém consegue ler o conteúdo completo ou entender muita coisa. Esse material precisa ser feito da maneira certa, na medida certa e com a estratégia certa.

58

Mas como escrever esse material então? É difícil explicar tudo isso aqui e, por isso, vou indicar um livro que vai ensinar o que você precisa saber para criar esse material gratuito.

Viu só? Na frase acima, utilizei a estratégia que comentei com você, fazendo com que você precise acessar um novo conteúdo para que possa saber como escrever o material. E esse material será um conteúdo gratuito! Com as estratégias corretas, você conseguirá fazer com que tudo fique conectado.

Esse material tem que ensinar e gerar valor, mas também precisa criar um desafio. Ao fim da leitura, o seu público deverá ter a seguinte experiência: "Ok! Eu entendi 1, 2, 3... e agora eu sei que preciso de 4. Como eu consigo isso?". É nesse momento que você o leva para a oferta seguinte. Você cumpriu o que prometeu e mostrou que existe algo a mais. Esse é o perfeito exemplo de uma venda contextual.

Continuando no exemplo, quando a pessoa faz o cadastro, ela é direcionada para a seguinte página:

CLIQUE AQUI

Repare em alguns elementos nela. No topo eu coloco: "Parabéns! Clique aqui para fazer seu download".

 Para acessar o conteúdo é fácil! Basta apontar a câmera do seu celular para o QR Code ao lado ou digitar o link https://lp.marketingcomdigital.com.br/clube-do-venda-todos-os-dias-obg/ em seu navegador.

10 TEMPLATES DE COPY

PARA PRODUTORES DIGITAIS, COACHES, CONSULTORES, VENDA DE GRUPOS, IMERSÕES, WORKSHOPS E EVENTOS.

CAPÍTULO 2: COMO IMPLEMENTAR TÉCNICAS DE VENDAS IMEDIATAS (TVI)

Quando o usuário clica, abre a página com o PDF para download imediato. Ou seja, a promessa foi cumprida. No vídeo, dou as boas-vindas e falo: "Ok! O material que prometi já foi liberado para você, agora quero falar sobre os próximos passos. Tenho uma proposta irresistível para você, por apenas 10 reais". E, então, começo oferecendo uma comunidade chamada Clube do Venda Todos os Dias, e o valor dela é de apenas 10 reais. Agora, imagine o seguinte:

1. **Eu ofereço o material gratuito por zero real.**
2. **Eu faço uma oferta imediata de 10 reais por mês.**

Vamos imaginar uma taxa de conversão de 10%. A cada mil pessoas que fazem o cadastro gratuito, cem pessoas assinam a comunidade por 10 reais. Agora, lembre-se da lógica que eu apresentei anteriormente. Eu tenho um cliente que está pagando 10 reais por mês, ele começa a conhecer os meus cursos e está gostando muito, então qual é a tendência? Isso mesmo. Que ele continue comprando!

Vamos combinar as estratégias agora:

1. **A pessoa entrou na minha lista pela oferta secreta.**
2. **Não comprou? Eu posso mandar um e-mail oferecendo um material por zero real.**
3. **Ela faz o cadastro e eu ofereço a comunidade por 10 reais.**

Pegou a lógica? Agora vamos mudar o cenário:

1. **A pessoa entrou na minha lista adquirindo o material por zero real e comprou a comunidade por 10 reais por mês.**
2. **No mês seguinte, eu mando um e-mail oferecendo a oportunidade de comprar a certificação com desconto.**
3. **Ele já me conhece. Gosta do que está aprendendo e decidiu comprar um novo programa. Bingo!**

CLIQUE AQUI

Consegue imaginar o volume de vendas que é possível gerar só com essas duas estratégias? Repare que não precisei criar centenas de conteúdo. Eu me concentrei nas ações certas. E é exatamente isso o que você precisa fazer.

Depois que tiver montado todos os seus funis de vendas, você pode intensificar a produção de conteúdo. E vamos aprender o que envolve a etapa da criação de um funil de vendas.

MODELO DE FUNIL DE VENDAS

O primeiro passo é entender que toda venda passa por algumas fases obrigatórias. O Google lançou um portal com o título *ZMOT (Zero Moment of Truth)*[10] que, na tradução, significa *Momento Zero da Verdade*, em que podemos entender a ideia das três fases de maneira muito simples:

1. **Estímulo;**
2. **Primeiro momento da verdade;**
3. **Segundo momento da verdade.**

Esse é o modelo de funil de vendas que eu sigo há cerca de dez anos. De acordo com o portal, o momento do estímulo pode ser gerado pelo anunciante; no entanto, na maior parte dos casos, acontecimentos do cotidiano são os verdadeiros responsáveis pelos estímulos que desencadeiam a compra.

Por exemplo, um jovem entrou na faculdade e, por isso, está em busca de um notebook para realizar as atividades: o evento da sua vida foi um estímulo ao início da jornada de compra. Uma pessoa

---

[10] THINK with Google. *Zero Moment of Truth (ZMOT)*. Disponível em: https://www.thinkwithgoogle.com/marketing-strategies/micro-moments/zero-moment-truth/. Acesso em: jul. 2021.

CAPÍTULO 2: COMO IMPLEMENTAR TÉCNICAS DE VENDAS IMEDIATAS (TVI)

que fez uma viagem há pouco tempo e contou para os amigos sobre o destino recém-visitado pode despertar o desejo por uma compra, e assim sucessivamente. O portal defende que por trás de cada busca no Google existe um evento gatilho, algo que criou o desejo ou a necessidade de pesquisar, buscar mais informações sobre determinado assunto.

É nesse cenário que a sua empresa precisa construir o funil de vendas e fazer a divisão dessas etapas – ser encontrado, criar desejo pelo seu produto/serviço e gerar uma venda. Quando escrevo um material sobre copywriting (comunicação persuasiva), eu posso ser encontrado por uma pessoa que assistiu a alguma palestra de outro profissional e decidiu pesquisar mais sobre o assunto até que ela encontrou o meu material.

==A ideia é de povoar a internet com pontos de conversão, ou seja, pontos de contato que possam apresentar o seu produto para desconhecidos. A diferença é que, no modelo em que estou ensinando, todos os pontos de contado tem como propósito gerar uma venda.== O Google chama o primeiro momento da verdade como a fase da comparação. O público abrirá várias páginas ao mesmo tempo, pesquisará e comparará o seu produto ou serviço. Se você vencer essa primeira fase, conquistou uma venda.

Já o segundo momento da verdade é a experiência com o seu produto/serviço, é o momento em que o cliente de fato recebe aquilo que comprou. É importante entender que, no mundo digital, é possível gerar mais de uma venda para o mesmo cliente, além de, obviamente, gerar um efeito de recomendações para os seus produtos e serviços. Imagine que você goste deste livro. Para muitas pessoas, este será o primeiro ponto de contato com o meu material, logo, pode gerar próximos passos, como a compra de outros livros, cursos on-line ou tickets para eventos presenciais.

Da mesma forma, porém, tenho muitos alunos que lerão este livro porque já me acompanham há muito tempo. É por isso que um funil de vendas precisa ter esse olhar para a venda imediata e também para a preparação de um próximo passo.

CLIQUE AQUI

É importante que você, leitor, entenda a dinâmica de um processo de vendas nas mídias sociais quando se é um empresário. O problema é que muitos empresários têm acreditado na ideia de que é preciso se tornar um influenciador digital caso queira vender o seu produto/serviço, o que não é verdade.

Alguns abrem mão do uso das mídias sociais porque não gostam da ideia de expor os seus bastidores ou ter uma rotina de vídeos e mais vídeos. Isso não é um pré-requisito e, em muitos casos, pode mais atrapalhar do que ajudar. Não existe um único caminho quando o assunto é vender on-line.

COMO ESCOLHER O MELHOR MODELO PARA A SUA EMPRESA?

Eu defendo a ideia da venda imediata para um processo de convencimento contínuo. E aqui é muito importante que o leitor identifique cada pilar dessa dinâmica que é única no processo de vendas e no conceito principal deste livro. ==Não é o fato de oferecer o seu produto/serviço de uma maneira mais objetiva que obrigatoriamente aumentará as vendas. Mas o fato de mudar o status mental e contextual da sua audiência.== Pense um pouco sobre isso. Imagine que você começa a assistir a uma apresentação gratuita que foi iniciada com o seguinte discurso:

"Nesta apresentação, vou compartilhar os bastidores de como a sua empresa pode aumentar as vendas usando o Instagram, mesmo que você tenha poucos seguidores.

Esse método que você aprenderá faz parte do meu treinamento chamado Funil com Instagram – ainda nessa apresentação, eu vou fazer uma oferta bem especial.

Continuando..."

CAPÍTULO 2: COMO IMPLEMENTAR TÉCNICAS DE VENDAS IMEDIATAS (TVI)

Na mensagem, eu consegui alcançar três metas:

1. **Antecipação:** eu consigo criar um desejo pelo que virá; falo sobre algo que o público deseja. Isso cria expectativa, segura a atenção.
2. **Quebra de objeções e conexão:** eu falo sobre alcançar resultados mesmo sem ter muitos seguidores. Eu elimino essa barreira da mente do meu público. Além disso, consigo criar uma conexão com quem ele se identificará: "Poxa! Eu não tenho muitos seguidores, isso vai funcionar para mim, então!".
3. **Apresentação contextual do produto e da oferta:** eu apresento, de modo sutil, o meu produto e ainda deixo claro que existirá uma oferta especial em breve, mantendo o espectador interessado.

Percebe como fica tudo mais simples, objetivo e lucrativo assim?

O que você precisa separar na sua empresa durante o processo de ativação dessa estratégia é relativamente simples.

Primeiro, você precisa deixar bem claro o que eu chamo de Kit de Antecipação. Em outras palavras, tudo aquilo que você prometerá para a sua audiência. Faça uma lista de temas que possam chamar a atenção do público. O que pode fazer com que eles fiquem ansiosos para ouvir você o mais rápido possível?

Segundo, você precisa criar a sua Lista de Objeções. Quais são as barreiras para o seu público? O que ele está repetindo na própria mente como algo negativo, algo que você precisa remover?

"Isso não vai funcionar porque eu..." – complete essa frase com a maior quantidade de variações que conseguir. Essa frase é um exemplo clássico para a construção de uma mensagem persuasiva utilizando a internet, mas que, na prática, é algo muito antigo. Repare mais uma vez na sequência: **Antecipação + Quebra de objeções + Conexão + Oferta = Venda.**

CLIQUE AQUI

A imagem acima é um anúncio de 1902. Sim, 1902! Sandow é considerado o primeiro "influenciador" do mundo fitness.[11] Um homem russo que montou uma série de programas educacionais ajudando as pessoas a entrar em forma. Ele criou treinos por correspondência (para quem não sabe o que é isso, é tipo um e-mail, mas no formato de papel) e vendia palestras, eventos – algo muito parecido com o que é feito hoje no mundo do marketing digital. Mas com uma pequena diferença: ele vendia absolutamente tudo e o tempo todo. Criou a própria linha de materiais para exercícios, vendia guia para exercícios, um mix completo. Além disso, não tinha medo de oferecer

---

[11] MOREIRA, F. Primeiro 'influencer' fitness fez sucesso dois séculos atrás. *Extra Globo*, 12 jun. 2021. Disponível em: https://extra.globo.com/noticias/page-not-found/primeiro-influencer-fitness-fez-sucesso-dois-seculos-atras-25058460.html. Acesso em: jul. 2021.

66

o seu conhecimento. Eu vou traduzir livremente alguns trechos desse anúncio para você entender cada uma das três fases:

1. **Antecipação:** "*Em dezembro de 1902 será lançada a primeira edição estadunidense da revista Sandow's of Physical Culture e, para garantir que teremos pelo menos 100 mil cópias, eu vou fazer uma oferta extraordinária. Por apenas um dólar (o valor da assinatura anual), vou enviar a revista mensal para qualquer endereço por um ano como um membro premium.*"
2. **Quebra de objeções e conexão:** "*O meu curso de dez dólares inteiramente grátis: esse curso por correspondência fez um grande sucesso e eu vou garantir que todos os inscritos recebam a mesma atenção que aqueles que pagaram por ele.*"
3. **Apresentação da oferta:** "*A edição dos Estados Unidos será ainda mais completa que a edição liberada na Europa, que foi reconhecida como a principal autoridade no assunto. Já são mais de 300 mil pupilos seguindo o sistema, já temos muitos imitadores, mas nenhum competidor de verdade.*"

Todas as grandes peças publicitárias utilizam essa estrutura, que é uma variação do modelo amplamente conhecido chamado AIDA (Atenção, Interesse, Desejo, Ação). No livro *The Psychology of Selling and Advertising*,[12] de Edward K. Strong Jr., são apresentados inúmeros conceitos de publicidade. No entanto, um dos marcos dessa obra é reconhecer E. St. Elmo Lewis como o criador do método AIDA, que seria a base fundamental para a utilização do processo de copywriting ao redor do mundo. No livro, ele destaca que Elmo criou o slogan "Gere atenção, mantenha o interesse e crie um desejo". Algum tempo depois, ele adicionou o "chame para uma ação":

---

[12] **STRONG JR, E. K. *The Psychology of Selling and Advertising*. Nova York: McGraw-Hill Book Co., 1925.**

CLIQUE AQUI

ANO	MODELO	REFERÊNCIA
1899	prender a atenção do leitor; informá-lo e torná-lo um cliente	*The Western Druggist*, 21 (February), p. 66
1903	atrair, entreter e convencer o leitor	*The Book-Keeper*, 15 (February), p. 124
1908	chamar a atenção, despertar o interesse e gerar um sentimento de necessidade	*Financial Advertising*, Indianapolis: Levey Bros. & Co.
1909	chamar a atenção, despertar o interesse e persuadir/convencer o cliente	*The Bankers' Magazine*, 78 (April), pp. 710-711

Esses são alguns dos princípios de publicidade criados por ele. Peço que você preste muita atenção nas datas: 1899, 1903, 1908 e 1909. Repare também que a mensagem dele foi sendo refinada ao longo dos anos até chegar no AIDA. Os conceitos que você está aprendendo neste livro são centenários e representam a base das estratégias de publicidade com foco em geração de vendas imediatas. Todas as peças publicitárias criadas com base nesses princípios são divididas entre as duas estratégias que eu lhe apresentei: a oferta direta e a indireta. Toda a base da publicidade americana pautada no Marketing de Resposta Direta, que é a estratégia de vendas com foco em gerar uma resposta imediata, foi criada com base nesses pilares.

Este livro é destinado a pessoas comuns que querem gerar resultados extraordinários e, para isso, precisam olhar para os elementos que mais importam, aqueles que geram resultados há mais de cem anos – estou falando da sua comunicação. Tão simples quanto clicar em um link e acessar uma página, assim precisa ser a sua base de vendas utilizando a internet. E, assim, escolher a melhor estratégia dependerá também do que é importante para você e para a sua empresa, fazendo o mapeamento claro da melhor estratégia que o fará vender mais.

Infelizmente, muitos estão seguindo um caminho mais complexo, demorado e difícil de gerar resultados de verdade. Em seu livro

CAPÍTULO 2: COMO IMPLEMENTAR TÉCNICAS DE VENDAS IMEDIATAS (TVI)

Os 10 pecados mortais do marketing, Kotler diz que "a sua empresa não está bem organizada para o marketing eficaz e eficiente". Nesse trecho, ele fala sobre as competências que não foram desenvolvidas. Ou seja, existem princípios que ainda não foram dominados e, sem eles, é difícil construir uma estratégia de marketing eficaz.

Kotler não fala diretamente sobre copywriting, mas, observando as áreas que envolvem vendas, definição de público e relacionamento com o consumidor, é fácil encaixar a comunicação persuasiva e a pesquisa de mercado como habilidades fundamentais. São esses os dois tópicos mais presentes na rotina de um profissional que procura gerar vendas por meio de seus textos e vídeos.

Vamos recapitular os pilares de cada estratégia?

1. **Oferta direta:** Nesse modelo, a oferta do seu produto/serviço é o grande destaque na sua comunicação. Você começa falando de maneira aberta e direta quais são os benefícios de comprar agora. É importante ter uma data limite, justamente para criar esse ambiente de urgência e escassez. Quando você assistir a um comercial na televisão falando: "Não compre carro até sábado, espere! Teremos um feirão especial no estacionamento da fábrica com ofertas especiais", esse é um exemplo de oferta direta no mundo off-line. Quando você assistir a propagandas falando: "É só amanhã, geladeira de X por Y, mas é só amanhã mesmo!", esse é outro exemplo. Em muitos casos, as pessoas só comprarão se você criar um cenário de extrema urgência e escassez. É claro, não é algo que pode ser usado o tempo todo, por isso é importante intercalar com a oferta indireta.

2. **Oferta indireta:** Nesse modelo, a oportunidade é o centro da comunicação. O objetivo nessa estratégia é descrever como o seu cliente está convivendo com o problema e apresentar de maneira clara como é possível resolver determinada situação. Palestras on-line, reuniões via Zoom, *lives, stories*

e postagens no *feed* são exemplos de locais para distribuir esse tipo de campanha. Mas é importante destacar que, para essa estratégia funcionar bem, é preciso criar um ambiente mais oficial para a sua entrega. Por exemplo, em vez de simplesmente gravar um vídeo e publicar nas mídias sociais, você pode preparar as pessoas para o material. Você pode avisar com antecedência que em quarenta e oito horas vai liberar um material inédito explicando os bastidores de como (coloque aqui a sua promessa), e quem tiver interesse em assistir pode enviar uma mensagem por DM ou fazer o cadastro para receber o link. Faça com que as pessoas peçam para receber o seu material. Lembre-se do desejo por coerência: se uma pessoa pedir para receber o seu material, ela passará a valorizar muito mais o que você entregar.

Este livro é destinado a pessoas comuns que querem gerar resultados extraordinários.

CAPÍTULO 3

COMO CONSTRUIR UMA ROTINA DE VENDAS DIÁRIA PARA A SUA EMPRESA: AS QUATRO FASES

CAPÍTULO 3: COMO CONSTRUIR UMA ROTINA DE VENDAS DIÁRIA PARA A SUA EMPRESA: AS QUATRO FASES

EU NÃO SEI COMO ESTÁ A SUA ROTINA HOJE. NÃO SEI SE VOCÊ FAZ PARTE DO CLUBE DAS 5 HORAS DA MANHÃ, SE ACORDA CEDO, MEDITA, CORRE, FAZ UM BELO CAFÉ DA MANHÃ, LÊ UM BOM LIVRO E SE PREPARA, TRANQUILAMENTE, PARA UM NOVO DIA. ACERTEI? NÃO? POXA... TALVEZ NÃO SEJA BEM ISSO, FAZ PARTE. COMO EU DISSE, NÃO CONSIGO SABER COMO É A SUA ROTINA. PORÉM, POSSO COMPARTILHAR COM VOCÊ UM POUCO DA MINHA E DE COMO ELA MUDOU DRASTICAMENTE NOS ÚLTIMOS TRÊS ANOS.

O motivo da mudança? Agora eu tenho duas filhas. A Melissa, que falta pouco para completar 3 anos, e a Ariel, que acabou de completar 6 meses. Ou seja, você deve imaginar que as minhas noites não são tão tranquilas assim. O sono não está em dia, as manhãs são agitadas, há a rotina de escola — às vezes tem aula, outras vezes está tudo fechado.

A minha esposa, Iaponira, ficou grávida em fevereiro de 2020. E, trinta dias depois, começou a pandemia. Agora imagine o receio de estar no meio de uma pandemia, com a sua esposa grávida, uma criança de 2 anos com muita energia e, no meio de tudo isso, lidar com um *lockdown*. Mas fique tranquilo, eu não vou tentar disputar com você para ver quem tem a rotina mais intensa, principalmente durante a pandemia. Também não vou entrar no mérito de ter pessoas da família ou amigos que ficaram doentes, ou conhecidos que faleceram. Afinal, todo mundo está sofrendo em quase todas as áreas.

Por que eu estou compartilhando isso com você? É simples: a minha rotina nunca esteve tão intensa, por assim dizer, então este seria o momento mais inapropriado para começar a escrever um livro. Quando você possui um método, conhece um caminho, quando você

Você só vai crescer no mundo on-line se tiver coragem de assumir uma rotina difícil, árdua, porém estrategicamente lucrativa.

criou uma rotina que lhe permite focar em ações que geram resultados, tudo fica mais fácil. Escrevi muitos livros nos últimos anos e sei como eles podem impactar a vida das pessoas. Mas, obviamente, não é apenas isso.

Para mim, o livro é uma ferramenta de negócios. ==Com um livro eu consigo impactar dezenas de milhares de pessoas.== Isso se converte em vendas e mais vendas para a minha empresa. Em outras palavras, é muito mais lucrativo ter o trabalho árduo de escrever um livro em vez de ficar gravando vídeos engraçados no Instagram ou no TikTok. O que causa mais impacto? Um vídeo de sessenta segundos ou um livro? É óbvio que o livro vence. A mensagem aqui é muito simples: você só vai crescer no mundo on-line se tiver coragem de assumir uma rotina difícil, árdua, porém estrategicamente lucrativa.

O problema é que, hoje em dia, a maioria dos empresários está com uma rotina difícil e que não gera resultados. Eles gravam vídeos que não geram vendas; criam podcasts que não lucram. Talvez você esteja com este livro nas mãos e já tenha iniciado essa rotina insana. A boa notícia é que pode parar agora mesmo. Se começou esta leitura antes de iniciar uma rotina de produzir milhares de peças de conteúdo, você não precisa fazer isso. Ponto. Mesmo assim, não fique achando que tudo será muito fácil; não é isso, porém pelo menos você saberá o que fazer. Antes de apresentar as fases que envolvem a construção de uma estratégia de vendas, vamos entender como acontece o processo de construção de uma rotina para quem deseja vender todos os dias usando o marketing digital.

No livro *Mais rápido e melhor*,[13] de Charles Duhigg, são apresentados conceitos que nos ajudarão a definir o que pode ser uma rotina eficiente para a sua empresa. Na obra, o autor destaca a importância de ter ideias claras com base em fatos e dados antes de tomar

---

[13] DUHIGG, C. *Mais rápido e melhor*: os segredos da produtividade na vida e nos negócios. Rio de Janeiro: Objetiva, 2016.

uma decisão. Quanto mais rápido você levantar informações que o ajudem a decidir, mais rápido você tomará boas decisões. A falta de produtividade é causada pela dificuldade em decidir a sua rotina e, consequentemente, em focar os resultados.

O autor defende que, para que você seja mais rápido e melhor, tanto na sua vida pessoal como nos negócios, é importante desenvolver maneiras para levantar informações relevantes que suportem as suas decisões. Com base nisso, vamos entender o seu cenário neste exato momento e como tomar as melhores decisões.

Apresentei anteriormente estratégias que estão sendo utilizadas há mais de cem anos; um modo de comunicação que superou a fase do tempo. Logo, a informação que eu forneci aqui é relevante para ajudá-lo a tomar a decisão de qual é o melhor modelo para você utilizar na sua empresa. Agora você pode eliminar um problema que já foi resolvido. Quando eu decido iniciar um novo projeto no mundo digital, sigo protocolos validados, etapas que já foram executadas inúmeras vezes, e isso me ajuda a ser mais produtivo. Eu nunca estou inventando nada do zero, estou seguindo uma trilha que já foi criada antes — mas da maneira correta.

Quando começo a escrever um novo livro, por exemplo, já tenho processos que me ajudam a definir o que preciso falar, como devo falar, qual é a melhor maneira de explicar. A minha maior dificuldade em uma escrita mais oficial como essa é deixar o copy de lado, ou seja, escrever sem utilizar todas as técnicas de persuasão que eu conheço e domino. Provavelmente, este será o seu maior desafio durante a construção de uma rotina para gerar vendas on-line: identificar aquilo que você quer fazer do seu jeito e encontrar estratégias mais seguras para seguir.

Isso significa que você se concentrará em conhecer as fases para a construção de uma estratégia e, com cuidado, adaptá-las à sua rotina. Como eu disse antes, neste momento as minhas duas filhas pequenas me demandam muita atenção, e é também uma escolha minha estar presente, por isso eu preciso encontrar estratégias que se encaixem dentro da minha rotina. Por exemplo, eu faço palestras de vendas pela manhã, pois é o horário em que a minha filha mais nova está na escola. Essa é uma decisão pessoal que envolve a minha rotina. Mas, quando decido que vou executar uma palestra de vendas, sigo as quatro fases de uma estratégia de vendas on-line.

No fim de semana, principalmente no sábado, eu executava algumas ações de vendas, como *lives*, vídeos etc. Depois do nascimento da minha filha, parei de fazer ações no fim de semana que envolvam a minha participação ao vivo. O que eu faço hoje é deixar programados na sexta-feira alguns e-mails automáticos que possam gerar vendas.

Mais uma vez, ressalto que não trabalhar aos sábados e domingos é uma decisão pessoal, porém deixar uma estratégia rodando durante o fim de semana é técnica, habilidade e competência desenvolvida. Acredito que você também tenha o desejo de ter mais tempo livre (rotina), mas, se você realmente quiser isso, será necessário aumentar a sua habilidade técnica (estratégia).

Dito isso, podemos agora aprofundar detalhadamente as quatro fases de uma estratégia de vendas e, em seguida, vamos entender cada um dos elementos.

1. **Segmentação;**
2. **Engajamento;**
3. **Oferta;**
4. **Reset de atenção.**

Na **segmentação** existe uma lógica muito simples que é gerar um primeiro comprometimento do seu público. A ideia é que pessoas interessadas em comprar tomem pequenas decisões antes de tomar uma grande decisão. Por exemplo, quando você sente o desejo de comprar um novo carro, a sua primeira pequena decisão é iniciar a pesquisa. A segunda pequena decisão é fazer um *test-drive*, conhecer pessoalmente a proposta.

CLIQUE AQUI

No mundo on-line isso acontece com ações bem específicas, como um cadastro para assistir a uma aula ou enviar uma mensagem inbox para pedir mais informações. Você precisa pedir um pequeno movimento antes de conseguir uma ação de vendas. Vamos a um cenário mais prático:

Observe a imagem apresentada. Esse foi um convite que fiz para a minha audiência "Treinamento gratuito: os funis americanos para gerar vendas todos os dias". Nele, eu falo a data e o horário do treinamento. No processo de convidar as pessoas, deixo claro que esse material faz parte da minha imersão on-line de três dias, que é um produto que eu vendo.

Em outras palavras, o convite diz: "Esse é um material gratuito que faz parte de um evento pago. Você quer participar e conhecer um pouco mais? Serão duas horas de conteúdo prático e, no fim, apresentarei uma proposta para você comprar o seu ticket para o meu evento". Eu faço uma segmentação objetiva, deixando claro tudo o que vai acontecer. Além disso, é algo rápido. Não faço convite para dez dias de *lives*. Será um dia com uma média de duas horas de apresentação.

Esta é a segmentação mais importante a ser feita: deixar claro o que vai acontecer depois. No Brasil, muitos empreendedores só convidam para um evento gratuito; eles não deixam claro o que virá depois. Só focam em dizer que é gratuito, gratuito e gratuito.

Agora que você entendeu a ideia da segmentação, podemos partir para o momento do engajamento.

O **engajamento** é o momento de entregar o que você prometeu e criar o desejo pelo próximo passo. Se você prometeu uma aula ao vivo, o engajamento é a entrega dessa aula. Se você prometeu um vídeo, a entrega do vídeo é o engajamento. Se você prometeu um e-book, a leitura do e-book é o engajamento.

E aqui temos um ponto essencial: entender o propósito da fase de engajamento. No mundo on-line, cada minuto que o seu cliente passa com você é muito importante. E por isso você precisa evidenciar quais serão os próximos passos. Por isso que o momento de engajamento precisa ter uma divisão muito clara de duas etapas:

1. **Confirmação da segmentação:** É a hora de falar sobre metas. Por exemplo: Quando você começa uma aula ao vivo, sempre reforce o benefício primário da aula. O que o público aprenderá?

No mundo on-line, cada minuto que o seu cliente passa com você é muito importante.

CAPÍTULO 3: COMO CONSTRUIR UMA ROTINA DE VENDAS DIÁRIA PARA A SUA EMPRESA: AS QUATRO FASES

Quero garantir que o meu cliente em potencial tenha a sensação de estar no lugar certo. Observe na imagem como eu faço a descrição dos tópicos com promessas. Os pré-requisitos, o processo de construção de uma oferta, a maneira mais inteligente, o funil mais poderoso... Eu não posso simplesmente começar a entregar o conteúdo. É preciso reforçar o desejo por ele.

2. **Momento A-HA:** Toda peça de engajamento precisa gerar um momento "eureca", ou você precisa apresentar algo contraditório. Por exemplo, nessa aula eu falo o seguinte: "**Nunca** comece pensando em uma linha editorial. Primeiro você deve pensar na oferta, pois é a sua carta de vendas que define o conteúdo". Isso não é algo que o meu público está acostumado a ouvir e faz com que ele fique intrigado, que espere por uma explicação mais detalhada. E é aqui que entra o momento da **prova**. A fase que, durante a apresentação, você mostra exemplos práticos.

CLIQUE AQUI

NUNCA COMECE PELA LINHA EDITORIAL...

O começo da sua apresentação precisa seguir esta ordem perfeita:

1. **Confirmação do interesse: reforço da promessa.**
2. **Momento A-HA.**
3. **Prova.**

Após isso, você pode iniciar a apresentação das suas recomendações mais práticas. Perceba que a fase de engajamento segue uma série de metas muito específicas. Isso acontece porque após o engajamento vem o momento de fazer uma oferta para o seu público. Você precisa que ele esteja mais preparado para uma oferta, ou seja, quanto maior o engajamento, maiores as chances de uma conversão imediata.

Agora, vamos falar da **oferta**.

Se você seguiu os passos anteriores da maneira correta, se segmentou e engajou muito bem, o momento da oferta será bem mais fácil. Eu gosto de apresentá-la como a hora do resumo, ou seja, você precisa repetir os passos anteriores antes de apresentar a oferta do seu produto/serviço. Por exemplo:

"Agora que você aprendeu por que a fase da segmentação e do engajamento podem aumentar e muito as suas vendas, chegou o momento de apresentar os detalhes do que preparei para você.
Aqui está..."

O momento da oferta consiste em explicar o que você preparou para quem decidiu comprar agora, ou seja, a oferta é sempre contextual. "Para você que assistiu à aula", "para você que baixou o material", "para você que fez o cadastro para a transmissão". Antes de apresentar a oferta, sempre faça menção ao contexto do lead, que é dividido em três fases:

1. **Anúncio;**
2. **Follow-up;**
3. **Urgência e escassez.**

Após apresentar o seu produto, seja em uma aula ao vivo, em um vídeo ou em uma sequência de e-mails, é importante respeitar as três fases. A do anúncio é para expressar alegria e empolgação com a oferta. Por exemplo:

"É oficial! Agora você pode garantir a sua vaga. Finalmente você conseguirá X, Y e Z. Este é o melhor momento para você dar o seu próximo passo na meta de..."

A fase do follow-up é um pouco mais séria. Por exemplo:

"Você participou da aula, viu a proposta especial que eu fiz, mas ainda não garantiu a sua vaga."

Esse é um lembrete que ainda dá tempo. Aqui você está basicamente relembrando o contexto e a necessidade de uma decisão.

Já a fase da urgência e escassez é o momento de mudar o tom da conversa. Por exemplo:

"Essa é a ÚLTIMA CHANCE para você garantir essa oportunidade especial. Quando o relógio chegar às 23h59, o valor aumentará."

Via de regra, cada fase pode durar um ou dois dias. Exemplos:

1. **Anúncio:** um dia (e-mail, vídeos, *stories*, *lives*).

A fase do anúncio envolve apresentar a oportunidade para o seu público. É nesse momento que você avisa que algo novo acabou de acontecer. No livro *Magic Words that Bring You Riches*,[14] o famoso copywriter Ted Nicholas afirma que as palavras possuem o poder de causar impacto biológico no nosso organismo. Aqui, ele se refere aos neurotransmissores liberados quando sentimos determinadas emoções. Isso é, determinadas palavras geram determinados sentimentos que geram, no nosso corpo, uma resposta biológica. No livro *Impulse*,[15] o dr. David Lewis busca responder à pergunta: "Por que nós fazemos o que fazemos sem saber o por que fazemos?". Uma das explicações utiliza a palavra "impulso" para ilustrar como o nosso organismo responde a impulsos externos com respostas internas de uma maneira automática e praticamente invisível. Nesse contexto, uma das palavras que geram a resposta imediata é "novo". No momento do anúncio de algo novo para a sua audiência, é importante ilustrar o fator inédito da ação. Toda a fase do anúncio precisa girar em torno do fator novidade, exclusividade, oportunidade única, algo importante e extremamente atual. Como o exemplo a seguir: *"É oficial! Acabamos de liberar as inscrições para o nosso novo programa!"*.

---

[14] NICHOLAS, T. *Magic Words that Bring You Riches*. Florida, USA: Nicholas Direct Inc., 1998.
[15] LEWIS, D. *Impulse*: Why We Do What We Do without Knowing Why We Do It. London: Random House Books, 2014.

2. **Follow-up:** dois dias (e-mail, vídeos, *stories*, *lives*).

A fase do follow-up é um reforço em formato de lembrete. A ideia aqui é a criação de vídeos, e-mails, *stories* e *lives* que relembrem o público da novidade que foi anunciada. Vamos pensar no exemplo de um telejornal para facilitar o entendimento. No começo do programa, o apresentador fala quais são as notícias do dia e, geralmente, apresenta uma chamada que é a mais relevante da edição. Nos blocos seguintes eles sempre encerrarão o bloco falando algo como "Ainda hoje, você verá..." e relembrarão qual é a matéria que será apresentada. Além de lembrar o público, cada aviso aumenta a expectativa e tensão da audiência. Cenário perfeito para iniciar a próxima fase.

3. **Urgência/Escassez:** dois dias (e-mail, vídeos, *stories*, *lives*).

Robert Cialdini fala do poder da escassez no seu livro *As armas da persuasão*.[16] A ideia de ficar de fora ou perder algo gera uma resposta mental muito forte na mente do ser humano. Mas você não pode apenas utilizar esse recurso sem uma preparação adequada. Em seu outro livro *Pre-Suasion*,[17] ele explica a importância da preparação para a persuasão, como criar o cenário ideal para que todos os elementos persuasivos possam gerar o efeito desejado.

Um fato interessante sobre as duas obras de Cialdini que poucos conhecem: o primeiro livro não foi escrito para profissionais de marketing. Eu tive a oportunidade de assistir a uma apresentação do autor nos Estados Unidos, em um grupo de *mastermind de* que faço parte. Lá, ele explicou que escreveu o primeiro livro para ajudar as pessoas a não serem influenciadas por estratégias de persuasão, mas que os profissionais de marketing compraram o livro para utilizar as estratégias. Por esse motivo, ele escreveu o outro livro para ensinar os profissionais de marketing. É fato que a segunda obra não teve

---

[16] CIALDINI, R. *As armas da persuasão*. Rio de Janeiro: Sextante, 2012.
[17] CIALDINI, R. *Pre-Suasion*: A Revolutionary Way to Influence and Persuade. New York: Simon & Schuster, 2016.

CLIQUE AQUI

o mesmo sucesso da primeira, talvez por abordar um tópico mais aprofundado das técnicas, que não é algo que todos desejam.

Mas voltando à urgência e à escassez, o ponto central é que, se você executar corretamente as duas primeiras fases, a força da escassez será muito maior. É nessa fase que você faz publicações, envia e-mails e grava vídeos alertando sobre o encerramento da oportunidade. É comum que essa etapa tenha o maior percentual de vendas, mas você precisa entender que isso é um efeito das duas primeiras fases. Alguns as ignoram e não conseguem gerar resultados na terceira fase.

No exemplo anterior, temos cerca de cinco dias de campanha. Vamos imaginar um cenário de segunda até sexta-feira. Repare que não existe nenhuma produção de conteúdo ou algo do tipo, apenas o momento da oferta. É muito importante que você entenda a diferença que isso fará no seu faturamento mensal.

O problema de muitos empreendedores é que eles não deixam que a decisão de compra seja processada pela mente do público. Depois que o desejo é criado, ele precisa de um tempo para gerar ação. Esse tempo não é muito longo, mas nem sempre é imediato. Por isso é importante respeitar as três fases da oferta.

Muito bem, oferta encerrada, o que fazer agora?

É aqui que entra o que eu chamo de **Reset de Atenção**. Nesse caso, você precisa mudar de assunto, falar de algo diferente ou convidar o seu público para outra experiência. Por exemplo, imagine que você fez uma aula ao vivo, fez a oferta, seguiu as três etapas e a encerrou alguns dias depois. Você pode convidar os participantes para uma nova aula ao vivo, porém falando de um assunto diferente. Mas, antes disso, vale dar uma quebrada na experiência. Envie um artigo, ofereça um produto diferente, mude o assunto. É como quando estamos em uma loja de perfume e depois de um tempo o vendedor nos oferece um pote com café em pó para que possamos "resetar" e voltar a sentir o aroma dos perfumes. Ou um copo de água com gás, antes de tomar uma xícara de café, para limpar as papilas gustativas. É a mesma lógica.

Em alguns casos, o reset de atenção é simplesmente uma ausência temporária. Você fica sem postar absolutamente nada. Não aparece nos *stories*, some por um dia. No meu caso, esse dia é propositalmente o domingo, pois é quando fico 100% *off*. Mas não adianta você simplesmente ficar *off* em algum dia da semana se não fez as fases anteriores direito.

Confira um exemplo bem prático a seguir:

Maio de 2021

seg.	ter.	qua.	qui.	sex.	sáb.	dom.
26	27	28	29	30	1 de maio Dia do Trabalho	2
3	4	5	6	7	8	9 Dia das mães
10	11	12	**13** OFERTA DIRETA 2 POSTS	14 OFERTA DIRETA	15 CONVITE	16 CONVITE
17 CONVITE	18 AULA AO VIVO	19 ESCASSEZ	20 ESCASSEZ	21 ESCASSEZ	22 OFERTA DIRETA	23 OFERTA DIRETA
24 PALESTRA	25 REFORÇO	26 ESCASSEZ	27 ÚLTIMO	28 CONVITE	29 CONVITE	30 CONVITE
31 AULA	1 de jun.	2	3 Corpus Christi	4	5	6

Esse é o calendário da segunda quinzena de maio de 2021 – exatamente o momento em que estou escrevendo este livro. Repare que o fim de semana costuma alternar entre oferta direta e convite, porque é algo que eu consigo deixar programado.

Vamos pegar a semana do dia 17 até o dia 23. Eu começo a segunda-feira convidando para uma aula ao vivo (segmentação). Em seguida, entrego a aula na terça-feira, dia 18 (engajamento). Na própria aula eu apresento o meu produto (oferta). No dia 19 eu começo

CLIQUE AQUI

a fazer um *follow-up* adicionando o elemento de escassez ("Ontem eu fiz uma aula e fiz essa proposta. Ela está encerrando..."). Repito isso nos dias 20 e 21. No dia 21, foi a última oferta, e então encerro aquela promoção.

Sábado e domingo é quando posso me ausentar das ações nas mídias sociais e iniciar a oferta de outro produto, de um assunto diferente (reset de atenção). Na semana seguinte, retorno com uma palestra, mas, dessa vez, sem antecipação, apenas divulgo: "Hoje farei uma palestra".

Repare que eu fico alternando entre as ações de vendas. Eu mudo a quantidade de dias, mudo o formato, alterno o calendário inúmeras vezes, porém tudo é sempre planejado. Eu preciso quebrar o padrão para não acostumar a minha audiência. ==O erro de muitos empreendedores é que eles criam um calendário editorial que se repete religiosamente, sem surpreender o público.==

Toda segunda acontece tal coisa, toda terça acontece outra coisa e por aí vai... Eles praticamente pedem que a audiência fique entediada. Não existe nada mais "chato" do que ficar sempre vendo os mesmos tipos de posts, tudo perfeito, muito bonito, com muito, muito conteúdo. Uma hora você cansa. Sabe qual é a pior parte? Os empreendedores já não aguentam mais esse volume de produção de conteúdo. De um lado, empresários cansados, do outro, clientes entediados. Como isso pode dar certo?

É mais difícil do modo que eu faço? Sim, mas é mais eficaz. E a boa notícia é que agora você entendeu os bastidores das quatro fases e conseguiu perceber que existe uma lógica dentro de algo aparentemente desorganizado. Tudo muito bem desenhado para vender todos os dias. Lembre-se: não adianta só conseguir a atenção do seu público, você precisa transformar atenção em desejo; e o desejo em uma ação de vendas. Agora que você já aprendeu as quatro fases, podemos continuar avançando na nossa jornada.

Preparado?

Então vamos em frente!

Lembre-se:
não adianta só conseguir a atenção do seu público, você precisa transformar atenção em desejo; e o desejo em uma ação de vendas.

CRIANDO OS PONTOS DE VENDAS ON-LINE: OS PILARES PARA ATRAIR NOVOS CLIENTES TODOS OS DIAS

CAPÍTULO 4

OS TRÊS TIPOS DE CLIENTE E COMO VENDER PARA CADA UM USANDO A INTERNET

CAPÍTULO 4: OS TRÊS TIPOS DE CLIENTE E COMO VENDER PARA CADA UM USANDO A INTERNET

ATÉ AQUI, EU APRESENTEI A VOCÊ OS CONCEITOS E BASTIDORES PARA GERAR RESULTADOS USANDO A INTERNET. EU VOU SEMPRE LEMBRAR A PROPOSTA DO LIVRO COM O OBJETIVO DE AJUDÁ-LO A COLOCAR ESSE CONHECIMENTO EM PRÁTICA O MAIS RÁPIDO POSSÍVEL. SE DIGO QUE PESSOAS COMUNS ESTÃO GERANDO RESULTADOS EXTRAORDINÁRIOS, VOCÊ PRECISA PRESTAR UM POUCO MAIS DE ATENÇÃO PARA ENTENDER 100% A MENSAGEM.

E, para isso, é muito importante analisar o que acontece no mercado brasileiro em comparação ao mercado estadunidense. O mercado dos Estados Unidos já utiliza estratégias de marketing de resposta direta há mais de cem anos, como apresentado anteriormente. No Brasil, o modelo nunca chegou a popularizar, e até hoje é dominado por poucos profissionais, o que cria uma enorme oportunidade. No entanto, é preciso ter como referência o modelo estadunidense de vendas, afinal, eles dominam a estratégia com maestria.

Por mais que o mercado dos Estados Unidos tenha uma concorrência muito maior, é relativamente mais fácil gerar resultados. E o motivo é simples: os empreendedores sabem exatamente o que precisam fazer.

Aqui no Brasil temos uma situação um pouco diferente. Grandes referências de marketing digital, com milhões e milhões de seguidores, acabam falando primeiro sobre empreendedorismo, sobre o sonho de se tornar dono do próprio negócio, de ter independência financeira, de abandonar a carteira assinada etc... Nos Estados Unidos isso é diferente pois os profissionais da área de marketing estão acostumados a vender para perfis que já são empresários, visto que a ideia de ser empreendedor é algo bem marcante em nosso país e um pouco menos lá. Isso faz com que eles conversem a maior parte do tempo com empresários que já estão na jornada e querem processos, técnicas, estratégias para crescer o resultado das suas empresas. Em outras palavras, o nível de objetividade é muito maior. Enquanto no Brasil, por ainda estar falando com empreendedor que vai começar o seu negócio, o conteúdo motivacional da independência profissional e financeira acaba se misturando com estratégias e conceitos empresariais. Se você prestar um pouco mais de atenção, perceberá como isso está criando uma geração de empreendedores com um nível de dependência de estímulos emocionais muito alto.

Aqui vale tentar explicar de uma maneira ainda mais didática o meu ponto: não estou dizendo que o treino mental, o desenvolvimento pessoal, seja algo dispensável. Sou um grande defensor dessa busca. Faz parte da minha rotina ler e aprender sobre isso, pois eu preciso me manter motivado, resiliente e preparado para os desafios. Porém o risco ocorre quando as mesmas pessoas que falam sobre desenvolvimento pessoal se tornam referência quando o assunto é criação de estratégias de vendas ou marketing. A razão é muito simples: para vender um treinamento de desenvolvimento pessoal, se faz necessário o uso de estratégias e discursos específicos, e, quando isso passa a ser reproduzido por pessoas de outros nichos, os problemas começam. Vamos tentar entender? Imagine que eu tenho um treinamento sobre desenvolvimento pessoal chamado "Como mudar os seus paradigmas". Para vender esse treinamento, eu preciso, primeiro, fazer você reconhecer a necessidade dele na sua vida. Por que você precisa mudar de paradigma? Para seguir por esse caminho, é necessária uma experiência contínua falando sobre o assunto ou oferecer uma experiência mais intensa.

Eu posso passar uma semana entregando pequenos vídeos ou posso convidar você para uma aula de uma hora. Nos Estados Unidos, eles sempre preferem algo mais intenso e curto. No Brasil, é comum séries que durem 21 dias. Ou seja, 21 dias de entrega massiva de conteúdo, para só no dia 22º dia oferecer um produto.

CAPÍTULO 4: OS TRÊS TIPOS DE CLIENTE E COMO VENDER PARA CADA UM USANDO A INTERNET

Esse tipo de estratégia costuma ser utilizada por pessoas do nicho de desenvolvimento pessoal e começou a ser replicada em nichos de empreendedorismo e marketing. E, naturalmente, começou a influenciar todo o mercado. Consegue perceber o risco?

Imagine o dono de uma empresa que precisa gerar resultados agora aprendendo que, na verdade, ele precisa esperar 21 dias. E não estou falando apenas de esperar; ele precisa produzir conteúdo massivo durante 21 dias. Agora imagine que o público dele não quer uma mudança de paradigma, ele quer simplesmente aprender a falar inglês. É realmente necessário entregar conteúdo massivo durante 21 dias para no 22º dia oferecer um produto? A resposta é não!

Talvez você diga: "Mas nos Estados Unidos existem alguns eventos que duram de quinze a vinte dias. O que você tem a dizer sobre isso?". É muito simples. Lá, quando acontecem esses eventos, o que é raro, eles começam a vender no primeiro dia. Durante todos os outros dias eles oferecem o produto inúmeras vezes.

O ponto principal aqui é muito objetivo: a rotina proposta pelo mercado digital não é para pessoas comuns. Uma pessoa comum não consegue, ao mesmo tempo, gravar vídeos todos os dias, fazer *reels*, publicar *stories*, aparecer em *lives*, criar layouts profissionais no Canvas, gravar podcast e por aí vai...

Cada item descrito exige uma habilidade específica. E, infelizmente, muitas pessoas acreditam que só se fizerem toda essa lista de atividades será possível gerar resultados verdadeiros, mas não é verdade. Não é assim, não precisa ser assim, muito pelo contrário! É difícil alguém aguentar por muito tempo uma rotina como essa sem afetar a própria saúde e os relacionamentos.

Entenda algo importante: da mesma forma como você não gosta da ideia de precisar produzir muito conteúdo, o seu público também não precisa de tantas informações. E é aqui que entra o conceito que eu chamo dos três tipos de público que estão na internet prontos para comprar agora. Estes são perfis que podemos encontrar em todos os mercados:

CLIQUE AQUI

---

1. **Cético;**
2. **Empolgado;**
3. **Frustrado/ansioso.**

Entre todos os conceitos que são utilizados por empreendedores para gerar uma conversão, o nível de consciência dos três tipos de público é algo que vale a pena falar. Mas existe um detalhe que muitos não levam em consideração: os níveis de consciência retratam um contexto pré-digital. Naquela época, a única maneira de apresentar um produto de modo massivo era por meio da TV, do rádio, dos jornais e das revistas.

Mesmo que seja difícil acreditar que ainda exista um público alheio a determinados produtos e soluções ou que não tenha reconhecido a necessidade de tê-lo, lembre-se de que estou destacando um público com acesso contínuo à internet. ==Em outras palavras, existem pessoas que estão prontas para comprar o seu produto/serviço agora e outras que estarão em breve!==

Elas só precisam da oferta correta, de uma proposta bem-feita. Para conseguir isso, porém, você precisa entender qual é o estado atual do seu cliente. Por isso, destaco os três perfis. Chegou a hora de entendê-los e de ver qual é a estratégia recomendada para vender de cada um.

1. Cético: Esse é o perfil que está na internet desconfiado de tudo. Não acredita em nada, questiona tudo. É difícil ele ter um comportamento de fã ou seguidor assíduo; nunca comenta em nenhuma postagem, apesar de ler muito e saber tudo o que está acontecendo. Ele navega quase que anonimamente. Quando você oferece um produto, ele procura descobrir todas as informações, sem fazer uma pergunta sequer. Ele lerá os seus e-mails e carta de vendas.

A meta dele é encontrar algo de que possa discordar. Afinal, o cético não quer acreditar em algo que seja diferente do que ele diz ou pensa. Como vender para esse público? Apesar de ser um perfil

CAPÍTULO 4: OS TRÊS TIPOS DE CLIENTE E COMO VENDER PARA CADA UM USANDO A INTERNET

aparentemente mais difícil para o qual vender, o cético costuma comprar muito rápido. Você só precisa fazer com que ele concorde com você. Na verdade, precisa mostrar que existe algo que vocês pensam de maneira parecida.

Vou apresentar um exemplo prático. Quando eu falo algo como: "Você não precisa produzir tanto conteúdo assim para vender. Isso não faz sentido. Existe uma maneira bem mais inteligente", o cético, que é um defensor do conteúdo, não se conectará com a minha mensagem. Por isso eu preciso partir para uma abordagem mais ampla – exatamente o que eu fiz no começo do livro:

A coisa mais importante que você precisa definir é a sua RMV (rotina mínima viável). O que é viável para você fazer hoje? O que cabe na sua rotina?

Esse é o primeiro passo. Para alguns, é mais tranquilo seguir uma rotina um pouco mais intensa. Para outros, é inviável. O que fazer então? Ficar sem vender porque a sua rotina não permite produzir muito conteúdo?

Eu acredito que não. Precisamos de um plano personalizado. E vou explicar como fazer isso agora.

Percebe como eu faço a condução?

O problema é que muitos empreendedores, quando vão vender o seu produto ou serviço na internet, usam o mesmo tipo de discurso. Eles tentam apresentar os benefícios sem antes criar uma conexão com o momento atual do seu público. Existe uma maneira de conversar com os três públicos ao mesmo tempo, mas, em muitos casos, você criará vídeos, anúncios e ofertas para cada um dos três perfis.

Recapitulando: o cético não acredita 100% na solução do seu produto. Ele sente dificuldade em aceitar o que você defende. Repare muito bem nas palavras que eu estou usando. Ele sente **dificuldade**, mas não ignora e nem é totalmente contrário. Esse perfil precisa de

CLIQUE AQUI

---

ajuda para conseguir passar a acreditar que, sim, existe uma solução ou uma oportunidade para ser aproveitada agora.

2. Empolgado: Esse é o perfil que comenta, deixa perguntas, responde aos seus *stories* – ele o acompanha de verdade, concorda com você e gosta de você ou do seu discurso. Só tem um problema: geralmente, o empolgado é um excelente quase-cliente. Sempre dizendo que em breve comprará, mas esse dia nunca chega. O empolgado se interessa por tudo o que você fala, mas nunca compra de fato. Ou, quando faz uma primeira compra, geralmente não adquire mais de um produto de uma vez.

É aquele que faz a compra e espera que esse único item resolva todos os problemas de uma só vez. A cada novidade que você cria, ele pergunta: "Isso faz parte do produto que eu comprei?".

É, eu sei. Você deve ter muitos clientes assim. Mas, então, o que fazer com o empolgado? O segredo está no ajuste da "dose". A melhor maneira para vender on-line para um empolgado está na divisão da sua mensagem.

Se você prestar atenção, eu faço isso o tempo todo com você durante a leitura:

Quatro tipos. Três tipos. Duas fases.

Isso segura a atenção do empolgado com um processo claro de começo, meio e fim. Por exemplo: "Existem três tipos de cliente e três estratégias diferentes para vender para cada um deles". Isso chama a atenção do empolgado na mesma hora. Como faço para vender para ele? É simples: eu uso o que ele acabou de aprender como ponte para a oferta.

Muito bem. Agora você aprendeu os três tipos de cliente e entendeu cada uma das três estratégias. Que tal eu ajudá-lo pessoalmente na construção dessa estratégia para o seu negócio?

Vai funcionar assim: durante a minha mentoria...

O ponto principal aqui é muito objetivo: a rotina proposta pelo mercado digital não é para pessoas comuns.

CLIQUE AQUI

O empolgado precisa perceber que existe um nível mais profundo daquilo que ele acabou de conhecer. E não estou falando de mais conteúdo, estou falando de uma experiência diferente dentro do mesmo tópico. Se você vende um serviço, uma maneira rápida para converter um empolgado é apresentar pacotes diferentes.

Deixe que ele consuma o primeiro serviço, assim ele continuará na jornada. O problema é que a maioria tenta vender o serviço completo. Confira um exemplo prático para uma agência de marketing digital: imagine que a agência tenha um serviço completo que inclui criação de site, logo, gestão de mídias sociais, e-mail marketing etc. Em vez de tentar vender todo o pacote para o empolgado, que o fará apresentar a sua agência por horas e horas, você se concentra em oferecer serviços específicos, como a criação de uma campanha de vendas para o Instagram – um serviço único para a criação de um funil de vendas usando o Instagram. Após executar esse trabalho, você pode apresentar um próximo serviço. Mas isso acontece no nível interno, e não no externo, ou seja, internamente você precisará de produtos e serviços de vitrine para que possa utilizar a estratégia, e isso não dependerá do público, que é a parte externa do exemplo que estou trazendo.

No meu caso, eu uso os livros como uma estratégia de atração. Como tenho muitos treinamentos diferentes, se eu tentar falar de todos os meus produtos, corro o risco de os empolgados ficarem perguntando sobre todos ao mesmo tempo, o que vai deixá-los confusos, perdidos, e dificilmente os fará realizar uma compra. Mas, se eu defino um tema específico, ou uma promessa específica, fica muito mais fácil converter, afinal, eu reduzi as opções. Este é o grande segredo: reduzir as opções. Não é nenhum problema você ter muitos produtos ou serviços; o problema é você tentar promover todos eles de uma só vez.

Existem produtos e serviços da sua empresa que venderão muito bem para desconhecidos, outros venderão muito bem para quem já é seu cliente. Como descobrir isso? Você precisa testar e mensurar.

Pare um pouco e comece a fazer esse levantamento. Você descobrirá que existem produtos que não precisam de muito esforço e, naturalmente, os seus clientes o comprarão. Já outros, você promoverá nas mídias sociais e nada vai acontecer. ==Você precisa encontrar o melhor dos dois mundos: um produto que converta bem para quem não o conhece, além de uma promoção específica, e algo que você possa oferecer para quem já é cliente.== Essa é uma estratégia que funciona muito bem para os empolgados, mas que ajuda a organizar o catálogo da sua empresa.

3. Frustrado/ansioso: Esse é o perfil que, diferentemente do cético, já teve uma primeira experiência. Talvez já tenha tido um primeiro resultado ou experiência positiva, mas algo não deu certo ou o resultado final não foi o esperado. O perfil frustrado é o rei da objeção. Geralmente são aqueles que, durante a sua *live* de vendas, vão comentar: "Eu já tentei. Mas não deu certo para mim".

É muito importante que você tenha cuidado nas suas campanhas de vendas, pois o frustrado tende a monopolizar a atenção. Ele quer compartilhar as suas experiências, frustrações e dificuldades com todos. Você não precisa ignorar, mas é importante que assuma o tom da narrativa:

"Natanael, eu já tentei vender on-line, mas para o meu negócio não funciona..."

Eu respondo:

"Infelizmente, muitas pessoas acabam ficando pelo caminho porque chegam no momento em que acreditam que marketing digital não é para o negócio delas. O pior de tudo isso é que, geralmente, essas pessoas só estão cometendo um ou dois erros. É um pequeno ajuste, algo simples, que muda todo o resultado. Se conseguirem identificar esse ponto-chave... BINGO!

CLIQUE AQUI

Mas vamos lá. O que eu vou apresentar agora pode ajudar você também."

Esse perfil de cliente precisa de alguém que reconheça que, sim, existem dificuldades, mas mesmo assim é possível encontrar uma solução específica. E é isso que esse perfil busca na internet. Algo muito específico, algo novo, algo que eles ainda não tentaram. No exemplo que apresentei, a sua estratégia de vendas envolve um ar de mistério nas suas apresentações. Por exemplo:

"Olha! Eu vou apresentar algo novo, diferente de tudo o que você já viu. Se você faz parte do grupo que fala que já tentou de tudo, tenho certeza de que isso você nunca tentou e, talvez, seja exatamente do que você precisa."

É importante que você entenda que todos nós podemos alternar entre os três perfis. Em alguns momentos você está mais cético, em outros você altera para empolgado, em alguns casos está mais frustrado ou ansioso. Depende do momento e do assunto. Talvez, na questão emagrecimento, você esteja empolgado. Na questão das vendas, esteja cético. O seu primeiro passo como empresário é tentar identificar o perfil predominante da sua audiência e criar uma estratégia específica para ele.

==Comece a analisar as suas postagens, a sua comunicação nas mídias sociais, o que você fala e como você fala.== Será que está usando a abordagem correta? É muito comum que as empresas usem a abordagem errada, sem nem mesmo perceber. Faça esse estudo, observe com atenção e comece a testar novas abordagens baseadas nos três tipos de cliente.

Agora que você conhece os perfis, podemos falar da construção de uma apresentação oficial para o seu produto ou serviço. Essa é uma das partes mais importantes do livro — talvez até seja a mais importante. Sugiro que você se prepare para o que está por vir!

O seu primeiro passo como empresário é tentar identificar o perfil predominante da sua audiência e criar uma estratégia específica para ele.

CAPÍTULO 5

COMO CONSTRUIR UMA APRESENTAÇÃO OFICIAL DE VENDAS PARA O SEU PRODUTO OU SERVIÇO

CAPÍTULO 5: COMO CONSTRUIR UMA APRESENTAÇÃO OFICIAL DE VENDAS PARA O SEU PRODUTO OU SERVIÇO

MUITO BEM! CHEGAMOS A UMA DAS PARTES MAIS IMPORTANTES DE TODAS, TALVEZ ATÉ A MAIS IMPORTANTE. CHEGOU O MOMENTO DE APRENDER COMO APRESENTAR O SEU PRODUTO OU SERVIÇO DE MANEIRA OFICIAL. EU SEI QUE É COMUM OUVIR ESTE TIPO DE FRASE NA INTERNET: "O SEGREDO XYZ", MAS, NESSE CASO, É DE FATO UM SEGREDO. ACREDITE EM MIM.

Eu gosto de usar um conceito que chamo de Efeito Copa do Mundo. Talvez você não seja um grande fã de futebol, mas é provável que já tenha se vestido de verde e amarelo e se reunido com familiares e amigos para torcer pela seleção brasileira. Chega um momento que fica praticamente impossível ignorar que a Copa do Mundo está chegando, você sabe que algo está acontecendo – e é exatamente isso que faz a diferença na hora de gerar vendas usando o marketing digital.

Você não precisa parar uma nação inteira para vender. Mas, se conseguir mudar o "ambiente" para um pequeno grupo de pessoas, a sua empresa conseguirá resultados extraordinários usando a internet. Vou explicar a seguir um pouco mais sobre essa mudança de ambiente, que eu também gosto de tratar como alteração do status mental.

Vamos voltar um pouco na história, para quando frequentávamos a escola. Eu não sei se você era um bom aluno, se tirava boas notas ou se ficava sempre de recuperação. Você se sentava na frente ou era da turma do fundão? Seus pais já foram chamados pelos coordenadores para uma conversa sobre o seu comportamento? Qual era a sua matéria predileta? Se você respondeu a essas perguntas mentalmente, esse é um exemplo prático de como uma conversa, um texto ou um vídeo pode tirá-lo do estado presente para um estado ativo de pensamentos, recordações, reflexões. E é óbvio que pensamentos geram sentimentos e sentimentos impactam diretamente as nossas ações.

CLIQUE AQUI

Mas, Natanael, isso funciona em qualquer ambiente, não só na internet. Exato. Mas na internet é ainda mais difícil fazer isso pela quantidade de distrações. Por isso que é preciso dominar a estratégia de comunicação persuasiva. Mais importante do que dominar ferramentas ou assuntos técnicos, o que vai gerar resultados para a sua empresa usando a internet é o domínio dessa técnica. Vamos voltar para a sala de aula por mais alguns instantes. Lembra-se daquele momento em que você ficava imerso em pensamentos e a professora falava: "Oi! Você entendeu o que eu acabei de explicar? Você pode responder à pergunta?", e você sequer lembrava o que estava sendo dito? Agora pense um pouco sobre isso.

Como é possível que um pensamento esteja ecoando na nossa mente de uma maneira tão alta, que a voz audível de uma professora dentro de uma sala de aula se perca? Você já parou para pensar nisso? Talvez você esteja lendo este livro agora e essa voz mental lendo cada palavra esteja em um volume tão alto que nenhum barulho externo o esteja distraindo.

Esse é um dos grandes segredos para gerar resultados na internet! Você só consegue esse tipo de atenção quando entrega algo para o seu público que seja percebido como algo oficial.

Imagine que você está tendo uma conversa importante pelo WhatsApp. É uma negociação para a sua empresa. Do outro lado da tela, alguém diz: "Eu vou entrar em uma reunião e lhe dou uma resposta em dez minutos". Agora imagine que, dez minutos depois, você recebe uma nova mensagem: "Oi! Podemos conversar novamente? Vou enviar para você duas perguntas que me fizeram antes de avançarmos no fechamento". Qual é o seu nível de atenção para essa mensagem? Altíssimo, certo?

Mas isso não foi só pelo nível de importância da conversa, mas principalmente pela maneira como ela foi conduzida. A condução de uma apresentação on-line é tão importante quanto a mensagem em si. O problema da maioria dos empreendedores é que eles não reconhecem o que eu gosto de chamar de Música da Persuasão.

CAPÍTULO 5: COMO CONSTRUIR UMA APRESENTAÇÃO OFICIAL DE VENDAS PARA O SEU PRODUTO OU SERVIÇO

Pense na sua música favorita. Ela não começa pelo refrão. Existe uma evolução natural nos trechos da música, existe um motivo para a repetição de algum trecho. E é isto que eu vou ensinar durante as próximas páginas: a exata estrutura de como apresentar o seu produto ou serviço da maneira mais persuasiva possível.

Então vamos lá!

A partir de agora vamos entender a visão geral de uma apresentação de vendas. Existe uma primeira versão mais geral para você entender os fundamentos:

1. **Problema/oportunidade;**
2. **Causa;**
3. **Solução;**
4. **Oferta.**

Essa é a primeira estrutura para ajudá-lo a organizar a sua mensagem de vendas. Ou seja, você sempre deve começar a sua apresentação falando de um problema ou de uma oportunidade, pois isso chama a atenção do público. Quando você explica a causa do problema, isso gera interesse. O momento da apresentação da solução cria desejo e, claro, a oferta serve para transformar esse desejo em ação.

Essa é a parte básica.

A parte um pouco mais difícil é adicionar uma grande ideia dentro dessa estrutura. A pergunta principal é: Como dar o pontapé inicial nessa grande ideia?

O PONTO DE PARTIDA DO NASCIMENTO DE UMA IDEIA ESTÁ NA CRIAÇÃO DE UM ATALHO MENTAL PARA O SEU PÚBLICO

A mente humana, de modo geral, está sempre buscando reduzir riscos, preservar a nossa vida e também reduzir o esforço mental.

CLIQUE AQUI

Pensar é cansativo e escolher pode ser doloroso. Turistas que viajam e compram um "pacote" de passeios não querem correr riscos, não querem precisar tomar todas as decisões, desejam que alguém os conduza. Consumidores que precisam comprar algum aparelho eletrônico recorrem a amigos que tenham um pouco mais de conhecimento para que a decisão seja tomada. O medo de errar em uma tomada de decisão ou o medo de perder tempo é o que, na maioria dos momentos, influencia diretamente o processo de tomada de decisão.

O ser humano imita comportamentos, reações e decisões. O espelhamento humano é uma das matérias mais importantes que todo copywriter precisa estudar e dominar.

Em Impulse[18], David Lewis compartilha estudos que buscam entender por que os seres humanos agem do modo como conhecemos. No livro, o autor apresenta princípios que envolvem o impulso pela imitação – que consiste exatamente no espelhamento. Aquilo que é mais familiar tende a ser aceito com mais facilidade e compreendido como o comportamento a ser seguido. Para o copywriter, este deve ser um princípio básico; ele precisa descobrir aquilo que interessa ao público (o normal, o comum etc.) e, a partir disso, traçar novas estratégias e textos.

Um dica simples, porém bastante resolutiva, é trazer para o texto uma memória de um sentimento familiar, identificável e que seja útil na construção de um argumento. Eu me lembro de, certa vez, chegar na recepção de um espaço de eventos e observar a fila sendo formada de uma maneira bem estranha. Em vez de seguir o curso natural de uma fila, ela era dividida ao meio. Quando observei um pouco mais de perto, percebi que havia um jovem encostado na parede. As pessoas atrás dele foram seguindo o comportamento de se encostarem na parede. A fila tinha uma linha reta até chegar àquele rapaz que mudou o curso da fila.

---

[18] **LEWIS, D.** *op. cit.*

A criação de uma ideia envolve mudar o curso atual do fluxo de pensamentos do seu público.

CLIQUE AQUI

E é nisto que eu preciso que você preste muita atenção: a criação de uma ideia envolve mudar o curso atual do fluxo de pensamentos do seu público. Inevitavelmente, o seu público, neste exato momento, está vivendo de acordo com algum atalho mental que já foi ativado. Por exemplo, no caso dos meus clientes, a maioria pegou um atalho que disse: "Você precisa de autoridade para vender. Sem autoridade, ninguém vende".

Essa é uma meia verdade, mas é uma excelente ideia para um argumento de vendas, ainda mais para aquele profissional que vai vender o processo sobre como construir autoridade. Eu não posso chegar e tentar brigar contra esse atalho mental que diz que para vender é preciso ter autoridade. Eu preciso criar um novo atalho mental, preciso de uma nova ideia.

A seguir, vou apresentar as duas ideias que criei para gerar um novo atalho mental e uma linha de argumento que criei para começar a apresentar o meu discurso de posicionamento:

1. **É fato que você precisa construir autoridade. O problema é que a maioria das pessoas está escolhendo o caminho mais lento e arriscado. Você pode criar autoridade com campanhas de vendas e não depender apenas de conteúdo. Bingo!**
2. **Autoridade de maneira isolada não faz todo o trabalho. Você precisa transformar a sua autoridade em lucro de verdade. É por isso que existem pessoas com muita autoridade e pouco lucro, e existem aqueles que, enquanto aumentam a sua autoridade, aumentam as suas vendas. Bingo!**

Eu começo afirmando que é verdade que autoridade é algo importante, porém o caminho que muitos estão escolhendo não é o melhor. Repare que eu unifiquei as ideias e passo a apresentar novos atalhos mentais, ou seja, faço afirmações fáceis de serem entendidas e, ao mesmo tempo, faço uma condução para vender a minha ideia.

Esse é o primeiro passo que você precisa dominar para promover o seu produto/serviço na internet. Entenda o que já está sendo dito para o seu público, quais as frases que ele já escuta, quais os conceitos que estão sendo apresentados. Não tente bater de frente, use isso como uma ponte para a sua mensagem, crie um contexto diferente, apresente novos exemplos, argumente de uma maneira fácil de ser acompanhada.

PARA QUE ALGUÉM COMPRE O SEU PRODUTO É ESSENCIAL FAZER COM QUE A PESSOA CONCORDE COM VOCÊ (E ISSO PODE COMEÇAR NAS COISAS MAIS SIMPLES)

Esse é um dos segredos que eu sempre fico com certo receio de revelar, afinal, é uma das técnicas que eu mais utilizo para vender. São poucos copywriters que sabem fazer isso do jeito certo.

Mas eu vou contar tudo (ou quase tudo) a você.

Vender é um processo de múltiplas etapas. Talvez até dezenas. Mas o processo de persuasão é composto de centenas de etapas. Chamar a atenção de uma pessoa é bem diferente de transformar a atenção em uma ação de compra.

==Quando você começar a escrever uma ideia para a sua carta de vendas, precisa preparar também uma lista de pequenos insights para garantir que o seu público esteja pronto para ouvir a sua mensagem principal.==

Por exemplo, vamos imaginar que você quer vender a ideia de que o seu produto entrega uma qualidade muito superior ao que hoje está no mercado. Em vez de começar falando: "O nosso produto é o melhor do mercado e não existe uma concorrência que consiga nos superar", aqui está o processo de múltiplas etapas para vender essa ideia hipotética:

CLIQUE AQUI

"Confesso que comprar é algo que costuma me deixar um pouco estressado, porque eu analiso com muita seriedade cada aspecto do produto ou serviço. Já tive muitas experiências negativas e hoje não gosto de dar bobeira na hora de comprar."

Você consegue concordar com a frase acima? Pois é. Eu acabei de conseguir o primeiro sim. Acabei de criar uma mensagem que começa a ganhar a atenção e a confiança do leitor e, principalmente, gera uma identificação. A pessoa poderá dizer: "Verdade, eu também sou um pouco assim". Ou o contrário: "Eu não sou assim, mas também já tive experiências ruins, preciso prestar mais atenção".

Agora vamos para a segunda frase que gerará um novo sim.

"Quando decidi abrir a minha empresa, eu disse a mim mesmo que precisava fazer algo bem melhor do que estava sendo feito. Sem isso, eu não duraria nesse mercado. Eu precisava fazer algo muito acima da média. Era a minha obrigação... E coloquei isso como meu alvo."

Gostou desse segundo bloco? Esse é um bloco de copywriting que eu chamo de Declaração de Comprometimento. O ser humano se conecta com comportamentos que deseja ter, mas nem sempre consegue realizar. Exemplo:

"Eu sabia que precisava estudar. Eu não tinha escolha. Foi muito doloroso, mas eu precisei dar um jeito... acordava de madrugada e estudava até não aguentar mais."

Um depoimento assim gera em nós um sentimento de inspiração. Você visualiza a cena e tende a querer imitar, espelhar toda essa dedicação. A nossa mente se agrada em ver alguém fazendo um esforço e alcançando algum tipo de vitória. Pois bem. Imagine agora que eu fiz esses dois blocos:

CAPÍTULO 5: COMO CONSTRUIR UMA APRESENTAÇÃO OFICIAL DE VENDAS PARA O SEU PRODUTO OU SERVIÇO

"Confesso que comprar é algo que costuma me deixar um pouco estressado, porque eu analiso com muita seriedade cada aspecto do produto ou serviço. Já tive muitas experiências negativas e hoje não gosto de dar bobeira na hora de comprar.

Quando decidi abrir a minha empresa, eu disse para mim mesmo que precisava fazer algo bem melhor do que estava sendo feito. Sem isso, eu não duraria nesse mercado. Eu precisava fazer algo muito acima da média. Era minha obrigação... E coloquei isso como meu alvo."

Agora, eu vou inserir a ideia principal:

"Eu sei que isso pode parecer um pouco arrogante, mas vou correr esse risco. Depois de muito esforço, acredito que criamos, hoje, a solução mais completa do mercado. E sei que muitos concorrentes vão aparecer, mas nós não facilitaremos para eles.

E, se você deseja XYZ, é exatamente isso que nós podemos fazer por você..."

Conseguiu pegar a ideia central? Resumindo:

1. **O ser humano sempre está com um atalho mental ativado sobre a grande maioria dos assuntos.**
2. **Se você quer encaixar uma nova ideia, precisa pegar carona na que já está na mente do seu público e ressignificá-la.**
3. **Toda ideia antes de ser plantada precisa ser preparada mentalmente com outras ideias mais fáceis de serem aceitas.**

Agora vamos para algumas atividades práticas para iniciar o seu processo de construção de novas ideias. Assim, como vamos falar adiante sobre atalhos mentais, minha sugestão agora é que você pegue papel e caneta para ir anotando os insights que tiver durante a leitura dos próximos tópicos.

CLIQUE AQUI

---

1. **Quais são os atalhos mentais que estão, neste momento, na mente do seu público ou na sua área de atuação?**

Aqui você precisa listar tudo aquilo que o seu público já acredita que seja verdade. Não importa se esteja correto ou não. O seu papel inicial é decifrar o porquê de ele acreditar piamente naquilo e, então, criar um novo significado para aquela ideia.

Eu não posso tentar mudar a mente do público, porque a mudança de uma concepção é demorada e dolorosa. Quando comecei a ensinar copywriting, um dos atalhos que estavam na cabeça das pessoas era os "gatilhos mentais". Tudo era gatilho mental. As palestras só falavam sobre gatilhos mentais, os livros, e-books, posts no blog, vídeos no YouTube... Esse era um assunto popular e que já estava sendo abordado por muitas pessoas, então eu precisava de algo diferente. Eu não podia bater de frente, em um primeiro momento, com aquela ideia; era muito arriscado, mas eu sabia que aquela mensagem estava lá, na mente do público. Foi quando comecei a usar exatamente o que estou ensinando neste livro.

Eu criei uma nova ideia: "Isso pode aumentar o poder dos gatilhos mentais na sua copy".

No meu livro *Não me faça dormir*[19] eu falo sobre isso. Eu digo, mais ou menos, que todo mundo está usando gatilhos mentais, pois gatilhos funcionam. Mas que poucos conhecem o que pode potencializar esses gatilhos. Estou falando do cérebro reptiliano.

No livro *Pitch Anything*,[20] o autor Oren Klaff fala sobre o cérebro reptiliano, que é o nosso cérebro mais primitivo, responsável pelo instinto de sobrevivência (lutar ou fugir). Quando eu uso determinadas frases, posso acessar o cérebro reptiliano do meu leitor rapidamente.

---

[19] OLIVEIRA, N. *Não me faça dormir*: o manual para você vender todos os dias usando a Internet. São Paulo: DVS Editora, 2018.
[20] KLAFF, O. *Pitch Anything:* An Innovative Method for Presenting, Persuading, and Winning the Deal. New York: McGraw-Hill, 2011.

O ser humano se conecta com comportamentos que deseja ter.

CLIQUE AQUI

Muitos utilizam estratégias de persuasão que fazem um apelo somente ao sistema límbico, que é a parte do nosso cérebro responsável pelas emoções.

Porém, se você não conseguir a atenção do seu público, dificilmente será capaz de ativar alguma emoção. Por isso, a porta de entrada para o sistema límbico (emoções) é o cérebro reptiliano. Imagine a seguinte frase, um exemplo prático dos dois estímulos:

"Aprenda inglês em oito semanas, com um método validado por professores de Harvard e que já ajudou mais de 30 mil brasileiros a falar fluentemente!"

Nessa frase anterior, existem três gatilhos mentais:

1. **Especificidade – 8 semanas.**
2. **Autoridade – professores de Harvard.**
3. **Prova social – 30 mil brasileiros.**

A frase é persuasiva, porém, ainda assim, pode ser ignorada pelo público que não tenha ativado a parte mais instintiva do cérebro reptiliano. Para essas pessoas, a melhor opção seria construir algo mais ou menos assim:

"Imagine se o seu celular tocasse agora e, do outro lado da linha, estiver um recrutador convidando você para um novo emprego, para ganhar dez vezes mais do que você ganha hoje, em um local onde você sempre sonhou em trabalhar. Você toparia? E se, para assumir a vaga, fosse obrigatório falar inglês? Essa vaga serviria para você? Pois é. Infelizmente, todos os dias profissionais perdem oportunidades como essa porque ainda não falam inglês. E o pior: eles sabem que não podem esperar três ou quatro anos para aprender inglês, não dá. A boa notícia é que existe um método validado por professores de Harvard que já ajudou mais de 30 mil brasileiros a falar o idioma

CAPÍTULO 5: COMO CONSTRUIR UMA APRESENTAÇÃO OFICIAL DE VENDAS PARA O SEU PRODUTO OU SERVIÇO

fluentemente. Esse método pode ajudá-lo a aprender as suas primeiras 2 mil palavras em até oito semanas, usando filmes e séries. Eu vou explicar a você em detalhes como ele funciona."

Percebe como a união dos dois elementos (o cérebro límbico e o reptiliano) deixa a copy mais poderosa? O terceiro elemento seria a explicação do produto em si, que é um apelo ao neocórtex, parte do nosso cérebro responsável pela racionalidade. Ou seja, temos o reptiliano que cuida dos instintos; o límbico, responsável pelas emoções; e neocórtex, a parte racional. Uma mensagem realmente poderosa consegue conversar com os três, porém seguindo a ordem certa: reptiliano, límbico e neocórtex.

Isso significa que, quando você aprende a criar estímulos ao cérebro reptiliano, o uso dos gatilhos fica muito mais poderoso. Então eu comecei a apresentar exemplos disso e foi muito fácil para a maioria aceitar essa copy. Levei o público de um atalho para o outro e bingo! Ou seja, depois de listar as ideias e começar a treinar a sua mente para conseguir levar o seu público de uma ideia para outra, você se torna um "gerador de ideias".

OI, O CAMINHO NÃO É POR AQUI...

Recentemente, eu estava indo para o escritório, distraído com os meus fones e caminhando tranquilamente pela rua. Até que duas coisas me fizeram sair do meu estado de "isolamento mental".

Quando estou no Brasil, vou a pé para o meu escritório, que fica a cerca de 300 metros do meu apartamento. Quando estava chegando ao prédio, vi um casal, de cerca de 70 anos, com dificuldade para entrar no estacionamento. Era feriado e uma das entradas do prédio estava fechada. Quando eu me aproximei, eles já pediram ajuda.

— Você sabe se tem alguém aqui? – eles perguntaram.

CLIQUE AQUI

Eu informei que somente a outra entrada estava liberada e apontei qual era o caminho. Eles agradeceram e foram na direção que eu havia indicado. Quando estava voltando para casa, uma moça tentava sair do prédio com o cartão de visitante. Eu me aproximei e disse:

– Esse cartão é de visitante, você precisa depositar aqui do outro lado.

Ela agradeceu e finalmente conseguiu sair.

Situações assim devem ter acontecido com você, nos dois lados da moeda. Você ajudando alguém e você sendo ajudado. É gratificante quando você ajuda alguém, certo? Ao mesmo tempo, quando alguém repara que você está com algum problema e o ajuda, é um sentimento de muita gratidão, não é verdade?

Pois bem, quando ajudamos ao próximo, um elo emocional é criado. Quando você cria uma ideia que gera mudança de direção, o ato proporciona uma reciprocidade muito forte. Mas as pessoas confundem o sentimento de reciprocidade. Não é simplesmente o fato de entregar algo gratuito que gera reciprocidade. É quando você entrega algo que muda a direção para o lado correto. A reciprocidade no seu nível mais forte acontece quando você gera a primeira vitória para o seu público. E a melhor maneira de fazer isso é quando você ajuda o cliente/leitor em uma situação que ele está vivendo agora, neste exato momento.

2. **Você precisa identificar um incômodo ou um erro extremamente específico para criar a sua ideia e, por conseguinte, a sua copy.**

Este livro é um exemplo prático. Eu escolhi como problema **descomplicar o processo de vendas para todas as pessoas.** Eu decidi ajudar em algo muito específico, porém estou trabalhando o assunto de uma maneira mais geral. Resumindo: boas ideias criam novos atalhos mentais e geram reciprocidade genuína. No próximo capítulo, vamos continuar a construção das ideias que vendem e, mais adiante, você aprenderá como transformar ideias em headlines (criação de títulos) poderosas.

CAPÍTULO 5: COMO CONSTRUIR UMA APRESENTAÇÃO OFICIAL DE VENDAS PARA O SEU PRODUTO OU SERVIÇO

UMA BOA IDEIA PRECISA DO PALCO CERTO

Um dos maiores desafios de escrever uma carta de vendas no mundo on-line está exatamente na ausência do leitor. Você não consegue observar as suas reações, não consegue saber o que mais lhe chamou a atenção ou qual momento ele ignorou de modo parcial ou completo. Mas a chamada "irracionalidade previsível" é algo que nos ajuda muito como copywriters.

Em outras palavras, o ser humano, na maioria dos casos, não toma decisões de maneira 100% lógica. No livro *Previsivelmente irracional*,[21] de Dan Ariely, o autor nos mostra inúmeros exemplos e estudos que reforçam a ideia de que as nossas decisões de compra são puramente irracionais e emocionais. E, de fato, existe toda uma indústria especialista em reforçar essas decisões irracionais no momento da compra.

De certo modo, é o mesmo processo que estamos desenvolvendo no mundo on-line. No entanto, em vez de estimular as pessoas a pedir o dobro da porção de batatas fritas, estamos falando de acelerar o processo de percepção de valor do seu produto ou serviço. O fato é que existem inúmeras maneiras com foco no estímulo subconsciente para influenciar o processo de tomada de decisão do público. Algumas muito simples e outras bem sofisticadas. Nas próximas páginas, vou apresentar algumas das técnicas da chamada "venda subconsciente" mais poderosas que existem.

E sei que eu posso parecer exagerado, mas ensinar isso para você é algo que ainda não me deixa 100% confortável, afinal, vou revelar os meus segredos. Mas como a ciência demonstra que, mesmo conhecendo as técnicas, é bem difícil resistir o tempo todo, vou acreditar fielmente nisso.

---

[21] ARIELY, D. *Previsivelmente irracional*. Rio de Janeiro: Sextante, 2020.

CLIQUE AQUI

COMO PREPARAR A MENTE DO SEU PÚBLICO PARA ACEITAR AS SUAS IDEIAS COM MAIS FACILIDADE

Se você entrar em um ambiente no qual as pessoas estão se divertindo, cantando ou sorrindo, ainda mais se a música estiver em um volume mais alto, involuntariamente a sua expressão predominante será um sorriso. Quando eu faço um evento presencial, deixamos o volume mais alto de propósito. Assim, as pessoas precisarão elevar um pouco mais a voz para conseguir conversar. Por quê? Porque o silêncio é um dos ruídos que mais atrapalham o início de uma conversa.

Ao entrar em um ambiente em que será iniciado algum tipo de reunião, existem duas coisas que incentivam as pessoas a conversar: café e música. Se você criar um ambiente mais amigável para a conversa entre os desconhecidos antes do seu evento iniciar, as pessoas estarão muito mais receptivas ao primeiro palestrante. O trabalho dele será bem mais fácil, pois o público já estará no modo interação. Existem muitas técnicas para preparar as pessoas em um ambiente presencial. Na igreja, por exemplo, se a música não é tocada antes da mensagem, a receptividade do público será bem menor.

Boa parte desses ajustes no mundo presencial foi feita por meio de tentativa e erro. Um dia decidiram experimentar e perceberam o resultado. Quando você começa a estudar técnicas para execução de eventos presenciais, a experiência de outras pessoas o ajuda a não errar.

Mas e no mundo on-line? Como isso funciona? Aqui o cenário muda significativamente, e é muito importante que você preste atenção em cada etapa de agora em diante.

==Qual é o estímulo emocional da sua ideia?== Se você criar uma boa ideia de argumentação, mas entregar essa mensagem no lugar errado, o resultado será bem menor. O formato da entrega também faz muita diferença. Eu vou explicar isso de uma maneira prática: existem ideias que funcionam melhor se a mensagem for entregue em uma

120

CAPÍTULO 5: COMO CONSTRUIR UMA APRESENTAÇÃO OFICIAL DE VENDAS PARA O SEU PRODUTO OU SERVIÇO

transmissão ao vivo, outras funcionam melhor em vídeos gravados. Algumas funcionam melhor se o conteúdo for dividido em partes e entregue em dias consecutivos. Muitos empreendedores hoje ainda têm um problema muito grave: eles têm uma ideia fraca sendo entregue da maneira errada.

Mas vamos imaginar que, após o Capítulo 1, você conseguiu estabelecer uma nova ideia. O que fazer com ela? Como escolher a melhor maneira de entregar essa ideia? Para tomar essa decisão, é importante entender quais são os principais estímulos emocionais dentro de uma copy. São eles:

1. **Criação de expectativa;**
2. **Alívio imediato;**
3. **Ganho imediato.**

No primeiro caso, estamos falando de uma ideia que cria uma grande expectativa para algo novo e desconhecido. Como começar um novo negócio, descobrir uma nova estratégia, encontrar uma nova solução (desconhecida). Esse tipo de ideia funciona muito bem quando você cria uma série de palestras ao vivo ou entrega um conteúdo com data para acontecer. Em outras palavras, uma entrega futura e contínua.

Por exemplo, você decide realizar uma palestra na próxima semana e começa a avisar a sua audiência sobre a data e o horário. Sempre que você fizer o seu público esperar alguns dias para receber o conteúdo, a sua mensagem precisa ter elementos de criação de expectativa. Aqui muitos erram, eles programam palestras e séries espaçadas, porém com temas que já são muito conhecidos.

Quando eu crio uma antecipação para alguma palestra futura, geralmente utilizo elementos de antecipação na ideia. Exemplo: quando vendia o curso "Expert em Vendas On-line" semanalmente, eu precisava criar uma antecipação para a próxima aula. Em muitos casos, a

Quando você cria uma ideia que gera mudança de direção, o ato proporciona uma reciprocidade muito forte.

CAPÍTULO 5: COMO CONSTRUIR UMA APRESENTAÇÃO OFICIAL DE VENDAS PARA O SEU PRODUTO OU SERVIÇO

ideia era mais ou menos assim: "O NOVO modelo de campanha para vender serviços on-line". Porém, quando eu lançava ações de vendas com intervalos menores ou mesmo todos os dias, eu não criava expectativa com algo novo. Eu falava de um problema urgente desta forma: "Como negociar contratos de 10 mil reais".

Assim, se você criar um estímulo de antecipação, com grande expectativa para um conteúdo futuro, adicione à sua ideia elementos de grande novidade. Eu vejo muitos produtores errando nisso. Eles criam muita antecipação para uma série que começará depois de quinze dias do primeiro anúncio, com promessas do tipo: "Como falar muito bem em público", "O segredo dos palcos" etc.

Existem argumentos para os quais você não precisa criar antecipação, pelo contrário, você usa a urgência e objetividade. Hoje, antes de começar a escrever este capítulo, dei uma aula de vendas com o seguinte tema: "Como posicionar o seu nome para vender produtos digitais de alto valor". A grande ideia aqui era: "Posicionamento premium. Como criar esse destaque para vender produtos mais caros". Pois bem, eu mandei um e-mail pela manhã avisando que faria uma aula às 14 horas.

Por que no curto prazo? Porque eu decidi usar o estímulo do ganho imediato. Ou seja, eu vou ajudar você **hoje** nessa meta de melhorar o seu posicionamento e também vou ajudá-lo a criar um produto digital de alto valor.

Você prefere receber um presente hoje ou daqui a quinze dias?

Eu não sei se isso acontece com você, mas, quando eu vou fazer algum tipo de surpresa ou compro algum presente especial, esperar o dia de entregá-lo é difícil. A minha vontade é de entregar na mesma hora. Quando a Iaponira estava grávida de oito meses da Melissa, minha primeira filha, eu comprei duas joias, uma para a Iaponira e outra para a Melissa. Eu tinha algumas semanas pela frente, pois minha ideia era entregar o presente após o parto. Escondi a caixinha entre os meus livros no escritório e segui a vida. Duas semanas depois, a

CLIQUE AQUI

Iaponira apareceu e perguntou se aquele presente era para ela. Não me pergunte como, mas ela viu que alguns livros tinham ficado um pouco fora do lugar. Eu disse que era para ser uma surpresa para depois do nascimento da Melissa, mas, já que ela tinha descoberto, eu poderia entregar logo.

Não consegui fazer a surpresa, mas me livrei da ansiedade. No aniversário dela do último ano, pela primeira vez eu consegui planejar toda a surpresa sem ficar ansioso para entregar. Provavelmente, depois que a Melissa nasceu, com o tempo reduzido, não dava para ficar tão na expectativa assim. E, agora que a minha segunda princesa, Ariel, nasceu, a rotina está cada vez mais intensa.

Mas eu consigo usar o pouco tempo que tenho para fazer grandes ações. A propósito, essa será a *big* ideia do meu próximo produto digital e essa ideia ativa o estímulo do alívio imediato. Se você é um leitor atento, deve ter percebido que eu usei a história do presente para prepará-lo para a minha pré-oferta. Como? Eu vou lhe explicar e depois volto para os três estímulos. Quando eu levo você para uma história, é inevitável eu levar a sua mente para viver essa história.

E como é uma história positiva e que abre oportunidade para conexão (eu não sei se você também é assim), você fica mais aberto para me ouvir. Eu estou lhe contando uma situação com a qual talvez você se identifique. A situação: resistir à ansiedade de dar um presente para alguém que você ama. Ao engatar nessa história, tudo o que vier depois será recebido com muito mais facilidade.

Mas repare que eu adicionei o seguinte elemento: "Olha, agora eu nem consigo mais ficar tão ansioso, porque o tempo está curto depois que a Melissa nasceu. E agora que a Ariel nasceu, então? Nossa! Está complicado". Se você é pai ou mãe, é muito provável que tenha se identificado mais com toda a história e, mesmo que você não tenha filhos, falar sobre a dor de não ter tempo também ativa em você um reconhecimento com esse problema. No momento seguinte que eu faço a afirmação "Grandes ações mesmo com pouco tempo...", ela causa **alívio** imediato.

ORGANIZANDO A SUA MENTE NOS CONCEITOS

Eu decidi, de propósito, usar as técnicas ao mesmo tempo que as ensinei. Alguns leitores mais atentos já dizem de cara: "Ei! Ele está usando comigo o que ele está ensinando". Pois é!

É bem difícil fazer isso na escrita, mas, quando você domina a técnica, é um recurso incrível de aprendizagem.

Agora vou resumir os pilares das últimas páginas para ajudá-lo a organizar todas as ideias.

1. **O ambiente em que você entregará o seu conteúdo com copy é tão importante quanto a copy: se você gravar um vídeo de vinte minutos e entregar no IGTV, ele terá um impacto bem menor. Por quê? Esse ambiente não cria uma conexão muito forte com o seu público. É difícil segurar o seu público por vinte minutos no celular dentro de um ambiente no qual ele está acostumado a navegar por várias coisas ao mesmo tempo.**

Ou seja, no Instagram, a sua copy será, predominantemente, de pura antecipação e expectativa. A sua meta é tirar a pessoa do Instagram. Nesse caso, é muito melhor criar um vídeo de sessenta segundos convidando as pessoas para assistir a outro vídeo exclusivo, no caso, de vinte minutos.

Entendeu?

Da mesma forma, é muito melhor subir, no YouTube, gravações de algo que você fez ao vivo. Imagine que você fez uma reunião no Zoom, entregou conteúdo e interagiu bastante com muitas pessoas. Disponibilizar a gravação dessa reunião no YouTube terá muito mais efeito de conversão (não estou falando de *views*). Existe um público que se interessa mais por algo que aconteceu ao vivo. Ou seja, algo que gerou interação com outras pessoas. Enfim, existem muitos macetes para a distribuição do seu conteúdo (com copy) para gerar vendas diárias.

No entanto, era necessária, para que você tivesse mais resultados, uma visão geral sobre esse cenário da plataforma. Quando eu começar a compartilhar os modelos de copy, apresentarei exemplos para ajudá-lo a escolher o melhor local e formato para entregar a sua copy. Combinado?

2. **A sua ideia precisa ter conexão com o estímulo emocional. Depois de definir o argumento, é importante adicionar o "ingrediente secreto", que é decidir qual estímulo será usado. Quando eu peço que alguém me diga qual é a sua headline, eu estou pedindo a ideia. Na maioria dos casos, essa ideia vem sem nenhum estímulo emocional. O que eu faço é bem simples: eu leio a ideia e penso "Ok! Qual dos três vou utilizar?".**

Vou dar um exemplo prático. Recebi uma headline mais ou menos assim: "Como montar uma pizzaria na cozinha da sua casa e faturar 5 mil reais por mês". Tudo bem. Aqui tem um argumento, tem uma ideia, mas não tem um estímulo emocional.

O que eu fiz? Mudei a headline para: "Transforme a cozinha da sua casa no seu novo caixa eletrônico". Como fiz isso? Defini que o estímulo emocional seria o ganho imediato, algo pelo qual a pessoa sentisse um desejo urgente e, depois, iniciei o processo de associação. Qual seria uma maneira diferente para passar a ideia de ganhar dinheiro?

"Hum... Sacar o dinheiro... Caixa eletrônico. Ok, agora eu preciso de um conector!" (vou explicar isso mais adiante). O conector que eu usei foi: "Transforme". Peguei a cozinha, o conector e o caixa eletrônico. "Transforme a cozinha da sua casa no seu caixa eletrônico." Bingo!

Todo esse processo só é possível quando você conhece muito bem os botões de compra imediata instalados na nossa mente e é exatamente sobre isso que nós conversaremos agora.

Existem argumentos para os quais você não precisa criar antecipação, pelo contrário, você usa a urgência e objetividade.

CAPÍTULO 6

OS BOTÕES DE COMPRA IMEDIATA INSTALADOS NA NOSSA MENTE

CAPÍTULO 6: OS BOTÕES DE COMPRA IMEDIATA INSTALADOS NA NOSSA MENTE

EU SEI QUE ESSA HISTÓRIA DE TER UM BOTÃO NA MENTE PARECE UM POUCO EXAGERADA, MAS NÃO É. ESTUDANDO A MENTE HUMANA E VIVENDO O DIA A DIA DO MUNDO DAS VENDAS, POSSO DIZER QUE NÃO É UM SIMPLES EXAGERO OU UMA FRASE DE EFEITO. E POSSO DIZER, COM MUITA CERTEZA, QUE NÃO EXISTE APENAS UM ÚNICO BOTÃO, E SIM VÁRIOS.

Também não importa o quanto você domine esse assunto e estude sobre ele; quando esse botão é pressionado na sua mente, você provavelmente sentirá um desejo ardente de comprar. O que, na verdade, em vez de chamar de "desejo de compra", vou pedir que o leitor pense como o "desejo de agir". Isso facilitará todo o entendimento sobre a ideia principal do livro, que é ensinar você a criar ideias que vendem todos os dias.

O ponto central é entender a ideia do estímulo emocional como impulso para a ação. Imagine a seguinte cena: você está muito bem, deitado no sofá da sua casa com um cobertor quentinho, pois faz muito frio lá fora. Então, de repente, o interfone toca. A cada toque do interfone, você sabe que precisa se levantar e sair do seu momento de conforto. *Quem será que está me incomodando a esta hora? Eu não pedi nada!*, você se pergunta. Então alguém na sua casa diz: "Eu fiz um pedido. Você pode ir até a portaria buscar?".

Talvez você tenha sentido todos os estímulos dessa experiência. Você está no seu conforto, tudo está muito bem e, agora, precisa sair dele. Você precisa trocar de roupa e enfrentar o frio que está lá fora. Você estava tão bem deitado no sofá! Agora, entenda o seguinte: para você se levantar, andar até a portaria e pegar uma encomenda, a sua mente só precisa enviar impulsos eletromagnéticos para que o seu corpo comece a se movimentar. Se você quiser levantar a sua mão agora, você o faz. É um impulso e uma resposta. Mas por que, nesse cenário, a preguiça entra em cena?

CLIQUE AQUI

Primeiro, vale lembrar um dos significados da preguiça: "estado de prostração e moleza". Repare que envolve um estado específico, ou seja, um momento. Preste bem atenção nessa parte porque voltaremos em breve a esse conceito.

Mas vamos retornar ao seu exercício de imaginação. Agora imagine que você está no mesmo sofá e o seu celular começa a tocar. É um número desconhecido, então você o ignora, mas a pessoa insiste e então você decide atender. Do outro lado da ligação, alguém repete o seu nome completo e você pergunta: "Quem está falando?". Então a pessoa que ligou responde: "É do shopping, você foi o ganhador de um carro zero na promoção de Natal!". Você nem sequer lembrava que tinha colocado um cupom na urna. "Nossa! Uau!", você diz. E então a pessoa finaliza: "O carro já está aqui, você precisa vir buscar agora, já está tudo pronto. Você vem?". O que você diria? "Estou de boa no meu sofá" ou iria buscar o seu carro zero?

Mas imagine uma outra situação: você está no mesmo sofá, está frio lá fora e você recebe uma mensagem de um amigo que sofreu um acidente leve, mas precisa de ajuda para conseguir chegar ao hospital. O que você faria? Responderia "Então, estou aqui tranquilo no sofá. Me deixa quieto"? Acredito que não.

O ponto-chave é: existem algumas maneiras de criar um motivo para a ação e a maioria envolve fatores externos, não internos. Qual é a probabilidade de alguém que esteja sentado no sofá, em um dia frio e sem que nada de diferente aconteça, simplesmente pense que sair de casa para correr, em vez de ficar deitado assistindo a um filme, é uma boa ideia?

Natanael! Que raios de exemplos são esses? Meu caro, minha cara, o que você está tentando fazer na internet, em muitos casos, é quase a mesma coisa. O seu cliente tem problemas? Óbvio que sim. Mas, em muitos casos, o seu público está como nessa história, em um estado de prostração. Ele quer resolver, mas sem um motivo ou incentivo apropriado, ele deixará para depois. A sua carta de vendas

CAPÍTULO 6: OS BOTÕES DE COMPRA IMEDIATA INSTALADOS NA NOSSA MENTE

funciona como alguém falando: "Ei, você que está no sofá. Levante-se! Vá enfrentar o frio, nada se resolverá sozinho!".

Isso é verdade, mas não cria um estímulo emocional muito forte para uma ação. Por isso que a maioria das ideias são ignoradas, essa é a razão pela qual muitas técnicas de persuasão, isto é, cartas de vendas (que no papel são boas), na realidade são ignoradas. Talvez o leitor deste livro faça parte do grupo que toma café pela manhã para "acordar". Alguns dizem que o dia só começa depois que tomam café. Esse é você? Pois bem. Imagine a copy como o café para a mente do seu cliente. Sem ela, ele ainda não acordou para o dia.

Nossa! Essa foi forte! *Copy é o café para a mente*. Vou até reforçar essa aqui para entrar na minha lista de frases poderosas. Anota que essa foi boa – e saiu agora, durante o processo de escrita.

O BOTÃO DO INSTINTO, O BOTÃO SOCIAL E O BOTÃO INTELECTUAL

Eu vou aproveitar que hoje estou inspirado nas histórias e metáforas para continuar este capítulo no mesmo estilo de escrita. Quando você começar a trabalhar de uma maneira mais forte na construção das suas ideias, é preciso ter muito claro qual será o botão principal na sua ideia ou com qual botão você começará.

Eu criei esse conceito de botão social e intelectual baseado nos livros *Pitch Anything* e *Previsivelmente irracional* que, apesar de não utilizarem esses termos, sempre destacam situações com apelo a fatores sociais ou de decisão intelectual. Isto é, o ser humano procurando tomar decisões que lhe façam parecer mais atraente ou mais inteligente. Quando você consegue fazer com que a sua oferta crie um cenário de lisonja para o seu cliente, esse é um dos estímulos mais poderosos para gerar venda imediata.

CLIQUE AQUI

Se você mora em apartamento ou já visitou algum, deve estar familiarizado com o elevador de serviço e o elevador social. Pois bem. A nossa mente também possui entradas diferentes para propósitos diferentes quando o assunto é o processo de tomada de decisão de compra. Existem pessoas que compram baseadas em decisões internas; outras compram baseadas em um contexto externo. E existem aquelas em que o processo de decisão de compra é ativado por algo íntimo que costuma envolver todo um contexto de médio ou longo prazo.

O estímulo do botão intelectual, apesar de ter forte apelo para os argumentos racionais, na prática envolve um aspecto vigorosamente emocional. A nossa mente trabalha de uma maneira muito forte com a ideia de causa e efeito – uma herança do nosso processo de construção como indivíduo.

Se eu fizer isso, o que acontece? E, se eu fizer isso de novo, o resultado vai se repetir? Um bebê nos primeiros meses de vida vive esse processo diário de descobertas. Se eu chorar, alguém vai aparecer? Interessante. Vou testar uma coisa. Quer dizer que, se eu jogar algo no chão, alguém pega? Gostei disso.

Muitas vezes o julgamento do porquê algo de fato aconteceu é feito de maneira limitada. E o motivo é muito simples: sempre que não ficar claro qual foi a causa para determinado efeito, a mente criará uma resposta.

Vou dar um exemplo prático: na segunda-feira, um amigo mandou uma mensagem para você fazendo uma pergunta. Você estava ocupado e disse: "Não posso falar agora, me liga mais tarde?". Ele respondeu: "Tudo bem". À noite, você entrou em contato com ele: "Ainda precisa de ajuda?". E ele não responde. Você então faz uma ligação e ele recusa. Você começa a pensar: *Será que ele ficou chateado? O que aconteceu?* Uma hora depois, ele retorna sua ligação e fala que estava no cinema e, quando finalmente diz qual seria a ajuda, era apenas algo que queria emprestado.

Percebe?

A nossa mente trabalha de uma maneira muito forte com a ideia de causa e efeito – uma herança do nosso processo de construção como indivíduo.

CLIQUE AQUI

Quando a Iaponira estava grávida de cerca de seis meses da Melissa, eu tive um susto absurdo. Eu estava no quarto quando minha esposa entrou com sangue nas mãos, chorando. Eu fiquei em pânico, perguntando o que tinha acontecido, mas ela não conseguia responder direito. "O que aconteceu? Vamos para o hospital agora!". E ela não conseguia responder, falando que estava doendo. Quando ela finalmente conseguiu falar, disse: "Foi o meu dedo! Foi o meu dedo!". Ela foi fechar as janelas da sacada e, distraída, acabou batendo forte. Machucou o dedo, sangrou e ficou bem dolorido.

Agora você imagina o meu coração na hora. O que eu pensei? Minha esposa grávida entra chorando, com sangue nas mãos! É isso que a mente faz. Ela cria, antecipa, junta coisas que, muitas vezes, não estão de fato juntas. Em outras palavras, a mente é uma máquina incrível que, na maior parte do tempo, assume o controle para ficar em estado de repouso.

De acordo com a Organização Mundial da Saúde (OMS), o Brasil é o país mais ansioso do mundo.[22] Você percebe como é importante ter esse conhecimento? Você não está só tentando vender, você está conversando com um ser humano que sofre, que pensa demais, que se preocupa demais. Por isso eu deixo um grande alerta: use as técnicas de copywriting com muita responsabilidade. Você quer gerar um alívio mental, não causar ainda mais dor.

Infelizmente, muitas pessoas que encontram esse tipo de informação usam isso de maneira perigosa. Ativam estímulos emocionais extremamente delicados. Mas isso é outra conversa. Só fique atento. A partir de agora, comece a ser mais crítico nas mensagens que você ouvirá.

---

[22] ESTADÃO Conteúdo. Brasil é o país mais ansioso do mundo, segundo a OMS. *Isto É*, 5 jun. 2019. Disponível em: https://istoe.com.br/brasil-e-o-pais-mais-ansioso-do-mundo-segundo-a-oms/. Acesso em: jul. 2021.

CAPÍTULO 6: OS BOTÕES DE COMPRA IMEDIATA INSTALADOS NA NOSSA MENTE

Repare se são mensagens que jogam um estímulo para você agir, enfrentar, vencer, entender o que está acontecendo para resolver, ou se são mensagens que só o deixam com mais medo e ansiedade. Se você não bloquear esse tipo de mensagem, a sua mente dificilmente conseguirá inverter esse padrão.

Resumindo: o **estímulo intelectual** envolve convidar o seu público para uma jornada de descobertas. Você está se aprofundando em algo, entendendo de maneira mais completa o porquê das coisas. Imagine um filme de ficção científica. Aqueles que no começo você não entende nada e no fim parece que estava no começo. Sabe o filme que o provoca intelectualmente, no qual as peças vão se encaixando devagar até que começa a fazer sentido? Esse é o estímulo intelectual. Você convida o público para entender algo de uma maneira mais completa.

E, em termos de headline, o modelo mais fácil é usar o gancho do: "É realmente possível?" ou "Como conseguir de verdade". Por exemplo: "É realmente possível vender todos os dias sem ser conhecido?"; "Como conseguir de verdade transformar desconhecidos em clientes". Nesses dois casos, o estímulo será intelectual, pois eu acabei de abrir a copy provocando o leitor para uma análise mais completa da promessa.

Voltando para o exemplo do sofá, repare que no primeiro caso alguém fez o pedido, não foi você. Mas, por outra pessoa, você precisará enfrentar o frio para pegar um pedido que não é seu. Esse é o **estímulo social**. Muitas vezes o contexto fará com que você ou o seu cliente tome alguma iniciativa. Pense nestes exemplos: "Todos estão aprendendo inglês e você vai ficar de fora?"; "A maioria das pessoas do seu nicho já escreveu um livro, você não vai escrever também?". Geralmente, nesse tipo de ideia, usamos o argumento do grupo seleto, como: "Essa é a sua chance de fazer parte do grupo seleto que vende produtos digitais de alto valor" ou "Aqueles que são muito bons se concentram em criar produtos premium". Percebe?

135

CLIQUE AQUI

No caso do exemplo do carro zero, envolve o **instinto reptiliano**. Tudo o que gera para você um ganho imediato, algo que o coloque em uma posição superior ou gere uma vitória clara, faz você agir. Aqui é o cenário perfeito para a venda de mentorias ou formações. Eu uso isso quando vendo programas de copywriting com mentoria.

Quando eu digo "Juntos, eu e você, criaremos a sua copy mestre", não é um convite solitário, não é um convite para que a pessoa estude ou faça sozinha. Nós faremos juntos.

Já no exemplo do amigo que pede ajuda para ir até o hospital, temos um mix de estímulos:

- É racional: A coisa certa a fazer.
- É social: Eu não posso não fazer (O que vão dizer?).
- É instintivo: Eu preciso ajudar (É da minha natureza).

Aqui chegamos ao momento A-HA! Quando você for escrever uma copy ou criar uma headline, use estes três atalhos:

1. Você precisa criar algo que o seu público diga: "É a coisa certa a fazer!".
2. Você precisa criar algo que o seu público diga: "O que vão dizer se eu não fizer?".
3. Você precisa criar algo que o seu público diga: "Eu preciso fazer".

Mais do que ideias, você está gerando alívio mental que causa um estímulo emocional e gera uma ação. A copy ativa a mente para agir, mas acalma a mente para não se preocupar tanto. Escrever uma copy é também escrever uma mensagem que organize os pensamentos confusos da sua audiência.

A maioria dos problemas não são resolvidos por falta de clareza e organização mental. É parar, analisar, planejar e agir, não importa qual

CAPÍTULO 6: OS BOTÕES DE COMPRA IMEDIATA INSTALADOS NA NOSSA MENTE

seja a área. Seja para emagrecer, criar uma empresa, falar em público... não importa, a resposta sempre estará na organização mental.

E, na minha visão, este é o verdadeiro poder de um copywriter: acalmar a mente dos leitores. Empolgar, emocionar e, o principal, conectar. Se você está lendo este livro, está conectado comigo, mentalmente falando. As minhas ideias (que estavam na minha cabeça) foram transferidas para você e instaladas na sua mente; elas geram uma nova organização mental que cria em você um estímulo emocional, gerando uma ação.

Bingo! Isso é demais!

CAPÍTULO 7

AS IDEIAS PARA VENDER O SEU PRODUTO/ SERVIÇO TODOS OS DIAS: O QUE FALAR ANTES DO CLIQUE AQUI

CAPÍTULO 7: AS IDEIAS PARA VENDER O SEU PRODUTO/SERVIÇO TODOS OS DIAS: O QUE FALAR ANTES DO CLIQUE AQUI

CHEGAMOS NA ETAPA PRÁTICA DA JORNADA, O MOMENTO DE ENTENDER OS ELEMENTOS OBJETIVOS DA CONSTRUÇÃO DE UMA HEADLINE (A DEFINIÇÃO DE UMA IDEIA CENTRAL PARA A SUA MENSAGEM) E, CLARO, A APRESENTAÇÃO DA SUA MENSAGEM NAS MÍDIAS SOCIAIS, ANTES DA CHAMADA DE AÇÃO. É O MOMENTO DE ENTENDER A CHAMADA DE AÇÃO COMO UM TODO E EM QUAL MOMENTO VOCÊ DARÁ UM COMANDO PARA O SEU PÚBLICO (POR EXEMPLO: "FAÇA UM CADASTRO"; "COMPRE AGORA" ETC.).

Se você acompanhou todas as etapas até aqui, vai entender que a headline em si é apenas o resultado de todo o trabalho de construção de uma ideia. Ela precisa chamar a atenção e ativar o desejo de continuidade para o resto da mensagem.

Antes de avançar nesses pontos, preciso fazer um rápido comparativo entre as headlines nos dias de hoje e o uso das headlines há cerca de dez anos, pois um grande erro de muitos copywriters iniciantes está exatamente em ignorar o contexto atual.

No passado, as agências de publicidade tinham algo muito claro em mente: a necessidade de chamar a atenção do leitor/ouvinte o mais rápido possível. Os anúncios eram criados para jornais, revistas, TV e rádio. Até aqui, nada de muito diferente. Mas imagine que no passado, sem internet, existiam momentos específicos para ler jornal, revista, ver TV ou ouvir rádio. Ou seja, a concorrência acontecia ao mesmo tempo. O anúncio no jornal e o anúncio na TV eram sempre "tudo ou nada". Uma empresa rodava o anúncio e esperava o resultado. Se nada acontecesse, dificilmente o quadro mudaria. Ou seja, a headline no passado precisava gerar um estímulo emocional extremamente agressivo. Era necessário um grande gancho (também chamado de *hook*) para conseguir a atenção da audiência.

CLIQUE AQUI

Nos dias atuais, a concorrência continua crescendo, não é nada fácil. Porém, os copywriters de hoje têm uma grande vantagem, algo que eu diria que deixaria os do passado com certa inveja. Qual seria essa vantagem? Falar com a audiência inúmeras vezes durante o dia! Com a internet, as pessoas ficam conectadas o tempo todo. Você não precisa mais esperar determinado programa na TV ou no rádio, muito menos o jornal sair no dia seguinte. Você pode simplesmente postar, publicar, gravar, promover.

Antigamente, isso não existia da maneira como acontece hoje. Se você voltar dez anos no tempo, vai se lembrar de que muitas pessoas não tinham smartphones ou que os planos telefônicos não eram tão acessíveis para o uso das mídias sociais. Hoje o custo de navegação diária é bem mais acessível. Esse é um presente para o mundo da publicidade on-line que poucos sabem aproveitar da maneira correta. E aqui entra o poder das headlines que vendem todos os dias.

VOCÊ NÃO PRECISA ENTRAR NO JOGO DO TUDO OU NADA NAS SUAS HEADLINES

Muitos querem criar headlines extremamente agressivas que, em muitos casos, geram mais desconfiança do que criam desejo. Mas você precisa gerar desejo por continuidade, fazer com que o leitor continue acompanhando o texto, que o vídeo continue sendo visualizado.

Vamos a alguns exemplos práticos.

No passado, poderíamos fazer uma headline da seguinte forma:

"Eles riram quando eu disse que começaria um negócio on-line. Até que eu fiz o meu primeiro milhão!"

Essa headline é legal? Óbvio que é. Nos dias atuais, porém, eu tentaria algo diferente:

CAPÍTULO 7: AS IDEIAS PARA VENDER O SEU PRODUTO/SERVIÇO TODOS OS DIAS: O QUE FALAR ANTES DO CLIQUE AQUI

"Os bastidores das minhas primeiras 4.321 vendas, que geraram um total de 1 milhão de reais em faturamento."

As pessoas estão mais interessadas no **como**. E o motivo, extremamente simples, é porque criaram uma regra que diz: "Fale sobre o **o quê** e venda o **como**". Eu não concordo com isso. Você pode falar sobre o **como** e vender o **como fazer melhor e mais rápido**, por exemplo. É importante entender que a headline é o pontapé inicial, e não a solução completa para uma copy. Ela é a abertura do show, a preparação da audiência, a criação de um ambiente que facilita a conversão. Isso abre a oportunidade para headlines mais criativas, mais diretas, menos apelativas.

Vou dar outro exemplo de como essa headline poderia ficar:

"Eu não gosto de falar dos meus resultados, mas decidi abrir uma rara exceção pelos próximos três dias..."

Agora acrescento uma subheadline:

"*Essa* é a história de como eu consegui sair do zero e gerar mais de 4.321 vendas em seis meses."

Percebe como essa combinação ficou muito mais interessante? Mas, na prática, como fazer essa recriação de headlines? Bem, agora eu vou lhe ensinar os segredos para criar headlines persuasivas sem correr o risco de ser ignorado.

Segredo número 1: Apresente metade das informações e esconda o restante (regra 50/50)

"32.462 leads gerados em catorze dias com essa estratégia de dois passos."

CLIQUE AQUI

- 50% revelado: 32.462 leads em catorze dias.
- 50% escondido: dois passos.

O desejo do cliente é entender quais são os dois passos.

Segredo número 2: Crie um nome para o elemento secreto e não dê maiores explicações

"Efeito janeiro: os quinze dias que podem impactar o ano de vendas da sua empresa".

O elemento que desperta a curiosidade aqui é o "efeito janeiro".

O que isso significa na prática? Eu usei nomes comuns, porém sem grandes explicações. Este é um erro que muitos cometem: não se criam nomes para estratégias ou técnicas.

"Seguidores lucrativos: essa é a técnica para atrair seguidores prontos para comprar agora!"

O foco dessa headline está nos "seguidores lucrativos", mas eu crio o desejo por mais quando falo "essa é a técnica para atrair seguidores".

Segredo número 3: Crie um nome novo e apresente mais detalhes

Agora, vamos um pouco além:

"Acelerador de resultados: como criar uma audiência de seguidores pronta para comprar AGORA!
Palestra on-line com os bastidores de como sair do completo anonimato e criar a sua audiência do zero."

Repare que nesse caso eu uso o recurso do "como". Sempre que usar o "como", você criará imediatamente o estímulo da explicação completa. Você está prometendo explicar *como* isso acontece. Esse é um estímulo muito forte, por isso é importante "pegar leve" no complemento.

Em vez de: "Como faturar alto todos os dias para o resto da sua vida", experimente algo mais leve:

"Como criar uma estratégia de vendas recorrentes: o exato passo a passo!"

Pegou a diferença?

Vou reforçar para garantir que você entendeu 100%: a grande diferença nas headlines de hoje é que o objetivo delas é gerar o desejo por mais, uma continuidade. Antigamente, a headline precisava "fisgar" e, imediatamente, criar um desejo de vendas.

É claro que ainda hoje podemos pensar em headlines com esse potencial; no entanto, é muito mais estratégico criar um mix de abordagens para vender o seu produto/serviço. Em outras palavras, em vez de ficar tentando criar a carta de vendas perfeita, faça muitas cartas de vendas, crie novas ofertas, faça mais posts, teste diferentes abordagens. É na continuidade que acontece o maior volume de vendas.

Segredo número 4: Frase de revelação que termina sem uma conclusão

Essa é uma das headlines mais poderosas para utilizar em palestras de vendas ou em uma série de vídeos.

"Foi isso que eu aprendi depois de sete anos vendendo produtos digitais..."

Isso o quê? Conta o resto? O que foi descoberto? É importante, após usar uma headline como essa, ativar um parágrafo de antecipação:

"Foi isso que eu aprendi depois de sete anos vendendo produtos digitais.

143

CLIQUE AQUI

O que eu vou explicar nas próximas linhas é a reunião de todos esses sete anos vendendo produtos digitais todos os dias.

Tudo o que eu vou apresentar é baseado em prática e vendas de verdade.

Mas, antes de explicar em detalhes o que eu aprendi, vamos entender o que deu certo e o que deu errado."

Repare que eu seguro a atenção, e isso é feito para aumentar a tensão.

Segredo número 5: Apresentação de uma oportunidade + especificidade

Existem headlines em que você quer ancorar a sua oferta já no primeiro momento.

"Essa é a sua chance de fazer parte do seleto grupo que vende produtos de 5 mil a 40 mil reais."

Essa headline faz a abertura para uma argumentação de comparação. Ou seja, a ideia é explicar que existem pessoas com resultados superiores e que existe um caminho para que o leitor possa alcançar ganhos semelhantes. O objetivo aqui não é tentar convencer o leitor de que é possível; o convite é direto, levando em consideração que a oportunidade é real.

Essa é uma técnica de copy muito poderosa porque você inverte o foco do produto para o cliente. Não é uma discussão sobre se o produto funciona; a pergunta é se o cliente realmente deseja a transformação.

Segredo número 6: Faça uma afirmação de alerta com propriedade

Esta é uma headline perfeita para uma abertura mais impactante;

"Sem isso, dificilmente você conseguirá... [Meta]"

CAPÍTULO 7: AS IDEIAS PARA VENDER O SEU PRODUTO/SERVIÇO TODOS OS DIAS: O QUE FALAR ANTES DO CLIQUE AQUI

Sem uma copy mestre, dificilmente o seu conteúdo vai gerar vendas. Eu posso apresentar o termo ou omiti-lo.

"Sem isso, dificilmente você consegue vender com o seu conteúdo."

Nesse caso, posso criar mistério até revelar o termo.

Quando eu apresento o termo (que geralmente é desconhecido do público), uso dois elementos de curiosidade:

1. O que é uma copy mestre?
2. Como isso pode ajudar você a vender com conteúdo?

Mais uma vez, repare que todas as headlines criam uma tensão emocional forte e é isso que fará com que o cliente em potencial continue a ler ou a assistir ao vídeo. Em todas as minhas cartas de vendas, seja em texto ou vídeo, tenho muito cuidado em definir esses estímulos, pois o primeiro passo para que a sua copy venda é fazer com que ela seja lida ou assistida.

Segredo número 7: Use o recurso do "mesmo que..."

Essa é uma headline perfeita para quebrar objeções muito conhecidas.

Al Ries e Jack Trout defendem em seu livro *Posicionamento: a batalha por sua mente*[23] que o que está na mente do público é 100% verdade. Já existem objeções na mente das pessoas para quem você quer vender, então eu posso complementar com: "Use o mesmo que" para fortalecer a sua grande ideia.

*"Como vender produtos digitais **mesmo que** você não seja conhecido."*

---

[23] RIES, A.; TROUT, J. *Posicionamento*: a batalha por sua mente. São Paulo: M.Books, 2009.

Sem uma copy mestre, dificilmente o seu conteúdo vai gerar vendas.

CAPÍTULO 7: AS IDEIAS PARA VENDER O SEU PRODUTO/SERVIÇO TODOS OS DIAS: O QUE FALAR ANTES DO CLIQUE AQUI

"Como conseguir um alto faturamento **mesmo que** você tenha uma pequena lista de e-mails."

"Como emagrecer **mesmo que** você ame comer."

Você precisa assumir que algo é verdade, mesmo que temporariamente. O problema de muitos copywriters é que eles acham que precisam provar que o leitor está errado e nem sempre esse é o melhor caminho. Na verdade, são raros os momentos em que você baterá de frente com alguma ideia pré-fixada.

Você quer primeiro que o seu leitor pense: "É exatamente assim que vejo a situação".

Em seguida: "É assim que eu me sinto".

Depois: "Isso me parece uma possível solução..."; "Eu acho que isso pode me ajudar..."; "Nossa! Eu preciso disso agora...".

O MAIOR SEGREDO DE TODOS

Aqui entra essa técnica que, na minha visão, é a mais poderosa de todas. Eu comecei a criá-la quando decidi que era necessário estabelecer uma abordagem específica para um momento específico do público. Quando for criar a sua copy, use as perguntas a seguir como base:

1. O público enxerga a situação da mesma maneira que você?

Se a resposta for *não*, você precisa começar a copy criando argumentos para que o leitor veja a situação da mesma maneira que você. Recentemente, fiz um vídeo falando o seguinte: "Chegar ao marketing digital atrasado é algo bom. Não é ruim".

O leitor pensa da mesma maneira? Geralmente não. Por isso precisei criar essa conexão já na fase inicial.

CLIQUE AQUI

---

2. O sentimento atual do público é favorável para o próximo passo?

Imagine que o seu cliente esteja frustrado, mas o sentimento ideal para a sua copy é de empolgação. Se ele já está frustrado, por que começar uma copy reforçando isso? Se você falar "Você está cansado de não conseguir vender, certo? Está difícil, né?", só reforçará o sentimento negativo que a pessoa já está vivendo. Entenda: a melhor maneira de iniciar o processo de venda é alterando o estado emocional.

Está frustrado ➡ Ficou empolgado
Está preocupado ➡ Ficou aliviado
Está tranquilo ➡ Ficou reflexivo

Muitos copywriters iniciantes cometem o erro de tentar reforçar um sentimento que já está lá. Vamos usar esse mesmo exemplo:

"Você está cansado de não conseguir vender, certo? Está difícil, né?"

Mude para:

"Eu não sei quantas vendas você fez no último ano, mas, se você seguir esses passos, esse número pode aumentar consideravelmente. Acompanhe com muita atenção..."

Em outras palavras, o que a headline no exemplo anterior está dizendo é que pouco importa o que acontece; se a pessoa seguir esse novo caminho, encontrará uma nova oportunidade. Eu mudei o status mental e alterei o emocional. Entendeu?

3. **O seu cliente já percebe o seu produto como uma solução viável?**

Entenda que, em muitos momentos, você precisa fazer com que o seu público veja primeiro para depois sentir e, então, começar a desejar. Em muitos casos, os exemplos representarão 90% do seu processo de persuasão. Nunca presuma que o seu público entendeu 100% do que foi explicado. Faça um reforço, apresente mais exemplos.

Em vez de contar uma história, conte três. Em vez de apresentar um exemplo, apresente três. Você precisa que o público visualize a solução como minimamente viável.

A sua meta é fazer com que ele simplesmente pense: "Talvez funcione para mim". *Talvez*. Já é mais que suficiente. Algumas cartas de vendas só precisam de mais e mais provas e exemplos.

4. **O seu público está pronto para agir agora?**

Essa é uma das partes mais delicadas do processo de venda on-line e eu vou explicar o motivo. Antigamente, quando você tinha acesso a alguma oferta e dizia *não*, o que acontecia? Você perdia e também não tinha muito contato com aquela oferta ou com as explicações sobre aqueles benefícios etc. Hoje em dia é diferente. O carrinho fecha no domingo e na segunda-feira você está recebendo mais e mais conteúdo.

Muitas vezes, o "luto" por não ter aproveitado a oportunidade é rapidamente superado por mais e mais conteúdo. Até que, em dado momento, não existe mais estímulo emocional e até mesmo o conteúdo gratuito perde o valor.

Ora, se o público perder o interesse no seu conteúdo, como desejará comprar? E isso não tem relação com a qualidade da sua produção, mas, sim, com a quantidade e a repetição dos estímulos. Por isso é tão importante alterar os temas centrais das suas ofertas: eu ofereço produtos de copywriting por um tempo, encerro e mudo de assunto.

149

CLIQUE AQUI

Eu estou gerando estímulo para um outro assunto, mas a lacuna do copywriting continua lá, martelando. É muito comum que, depois que eu mude de assunto, um produto continue vendendo. Em alguns casos, até mais e é exatamente por isso. O público sabe da oferta, viu a oportunidade e, agora que eu parei de falar sobre ela, sente que perdeu. Ainda mais quando eu começo a falar sobre outro tópico.

Em outras palavras, não adianta apenas ter boas ideias e bons argumentos. É preciso criar uma rotina de novas ideias e novos argumentos. Isso é fato! Mas a boa notícia é que agora você está mais bem preparado para essa rotina.

Você aprendeu sobre a origem das ideias, sobre a criação de um discurso e entendeu os bastidores de alguns segredos para criar headlines. Agora estamos prontos para falar do próximo passo: a construção de uma autoridade on-line.

Não adianta apenas ter boas ideias e bons argumentos. É preciso criar uma rotina de novas ideias e novos argumentos.

CONSTRUÇÃO DE AUTORIDADE ON-LINE

CAPÍTULO 8

O QUE GERA AUTORIDADE NÃO É APENAS A QUALIDADE DO SEU CONTEÚDO – ESSE É O VERDADEIRO SEGREDO

CAPÍTULO 8: O QUE GERA AUTORIDADE NÃO É APENAS A QUALIDADE DO SEU CONTEÚDO – ESSE É O VERDADEIRO SEGREDO

SE VOCÊ FOR PARA A INTERNET TENTAR CONSTRUIR AUDIÊNCIA E AUTORIDADE SÓ PUBLICANDO CONTEÚDO DE QUALIDADE, PODE ACABAR FRUSTRADO. VEJO MUITAS PESSOAS DISTRIBUINDO CONSELHOS DO TIPO: "PRODUZA MUITO CONTEÚDO DE QUALIDADE", "INFORME AS PESSOAS", "SEJA ÚTIL" ETC.

Esse é um bom conselho? Depende. Se você fizer isso sem usar o ingrediente secreto, será uma total perda de tempo e dinheiro.

Qual é o ingrediente secreto? Bom, ele é dividido em duas partes.

A primeira envolve escolher com muito cuidado o assunto sobre o qual você vai falar. Essa é a parte mais importante de todas. O que você fala determina o público que vai atrair.

O segundo ponto é definir com exatidão como vai falar. Qual será o tom central da sua mensagem? Você falará sobre um problema ou uma oportunidade? Você fará um alerta ou um convite?

Se você errar no assunto e no tom, dificilmente será capaz de atrair o público que comprará o seu produto ou serviço. Em alguns casos, você pode até acertar o tema, mas, se errar o tom, também não verá resultados.

Porém, existe um segredo ainda maior. O segredo do segredo. Sem ele, é quase impossível construir audiência.

Quer saber? Pois bem. Você precisa aprender a fazer o que fiz com você nos últimos parágrafos. Eu criei uma tensão antes de revelar a informação. Leia de novo todo o texto, a partir do título do capítulo: "O que gera autoridade não é apenas a qualidade do seu conteúdo: Esse é o verdadeiro segredo".

Repare que vou revelando aos poucos, criando antecipação, aumentando a tensão sobre o conteúdo. É isso que cria autoridade. É necessário deixar o público **ansioso** para que ele ouça o que você tem para dizer.

CLIQUE AQUI

É preciso ativar o seu público emocionalmente antes de apresentar o conteúdo ou no momento da apresentação. Vou explicar em detalhes, porém o mais importante neste momento, e vamos voltar à frase com a qual abri o parágrafo, é você entender que o que cria autoridade é a sua habilidade de ativar emocionalmente a sua audiência. Se você conseguir educar ao mesmo tempo que gera estímulos emocionais no seu público, bingo!

Existem cinco maneiras diferentes para fazer isso e eu as considero estratégias obrigatórias para a construção de uma audiência on-line. São cinco estratégias para construir uma audiência de clientes em potencial para a sua empresa e vou ensiná-las agora.

Preparado? Então vamos lá:

1. ESTRATÉGIA DA SOLUÇÃO INCOMPLETA

Quando você está em busca de uma solução, é normal que a cada resposta surja uma nova dúvida. Por exemplo: você começa a estudar sobre emagrecimento, então encontra um material que fala que você deveria experimentar fazer jejum intermitente. Você procurou uma solução para emagrecer e encontrou uma resposta: jejum intermitente.

Qual será a sua próxima pergunta? Como esse jejum funciona e o que isso significa na prática, certo? Pois bem. Quando você quer construir uma audiência, é importante ter em mente que uma das estratégias envolve entregar respostas que geram novas perguntas. Grave isto: respostas que geram novas perguntas.

O problema é que muitos vão para a internet e querem responder a todas as perguntas de uma só vez. Ou você cria uma sequência lógica para o seu público, ou ele ficará perdido. Vou exemplificar de modo bem prático.

A primeira vez que usei essa técnica foi com um material que escrevi chamado "Como cobrar por uma consultoria de marketing digital". Preste muita atenção ao título. No material, explico nos mínimos detalhes como cobrar pela consultoria e falo também o que será entregue em cada escopo da consultoria.

Criei três nomes:

- Consultoria de Presença On-line.
- Consultoria de Funil de Vendas Automático.
- Consultoria de Campanha de Vendas On-line.

O leitor sabe o que executar nessas três consultorias? Não.
Eu posso ensinar? Sim.
Bingo!
A solução incompleta significa exatamente isso. Resolve um problema específico e apresenta um próximo passo. Simples assim. É normal que muitas pessoas digam: "Eu só preciso saber disso aqui para resolver o meu problema". Em vez de ficar tentando convencer o seu público, aceite o que já está na mente dele. Se ele deseja uma resposta específica, responda. Mas aprenda a criar a necessidade por um próximo passo.

Pegou a ideia?

2. ESTRATÉGIA DO DESPERTAR DE CONSCIÊNCIA

Essa é uma estratégia extremamente poderosa, mas precisa ser utilizada com muito cuidado. Nesse caso específico, você apresentará uma solução nova para um problema antigo. Ou seja, o seu público já está sofrendo as consequências do problema e não tem tanta paciência para ouvir.

Ou você cria uma sequência lógica para o seu público, ou ele ficará perdido.

CAPÍTULO 8: O QUE GERA AUTORIDADE NÃO É APENAS A QUALIDADE DO SEU CONTEÚDO – ESSE É O VERDADEIRO SEGREDO

Você precisa falar de algo conhecido, porém adicionando elementos desconhecidos. ==Entenda que existe uma diferença entre dicas, processos, estratégias, método, pilares, princípios.== É muito melhor que os seus primeiros vídeos on-line falem de quatro estratégias em vez de quatro dias, pois é muito importante que todos os seus vídeos gerem a necessidade de serem assistidos até o fim. Você precisa fazer com que a audiência queira mais, deseje mais. E, obviamente, o próximo passo é o seu produto ou serviço.

Quando muitos empresários começaram a focar na criação de produtos digitais, rapidamente entenderam que a missão não era tão simples. Para o público, a criação de produtos digitais é uma tarefa difícil e, nesse contexto em que sua audiência já está convencida de algo, convencê-la do contrário não é a melhor opção. Ou seja, não adianta dizer que criar um produto digital é simples e rápido. Em vez disso, você pode usar a técnica do despertar de consciência, que apresentará uma nova solução para um problema conhecido.

Vamos para um exemplo prático: comecei a aplicar esta técnica reconhecendo em meus vídeos que, de fato, criar um produto digital do zero não uma tarefa tão simples; se fosse, todos teriam sucesso e sabemos que não é isso o que acontece. No entanto, convidava os clientes a olharem atentamente para aqueles que conseguem bons resultados. Eu falava sobre um padrão praticamente invisível, usado por todos os que alcançam resultados e terminava com uma call-to-action:

Muitos não conseguem ver isso tão de perto. Mas a boa notícia é que vou apresentar em detalhes tudo o que você precisa para simplificar a criação do seu produto digital. Preparado?

Perceba como eu me concentro em conquistar a confiança e buscar a identificação com o leitor para somente depois apresentá-lo um novo elemento capaz de despertar a sua consciência.

159

CLIQUE AQUI

Em resumo, despertar a consciência tem mais relação com ampliar o campo de visão do seu público. Você quer mostrar que existe algo a mais que ele não conhece. Para isso, porém, precisa atrair a atenção por algo que ele já conhece. Faça uma lista de assuntos conhecidos da sua audiência e comece a adicionar elementos desconhecidos.

3. ESTRATÉGIA DO GERADOR DE NECESSIDADES

A maneira mais inteligente para construir audiência envolve atrair os chamados *hungry buyers*, ou seja, clientes famintos. Quando você está com muita fome, a tendência é que você peça a pizza tamanho pequeno, médio ou família? No mundo digital, algo muito semelhante acontece, porém em uma ordem um pouco diferente. Essa estratégia envolve atrair leads que, naturalmente, sentirão necessidade de algo a mais.

Vamos para um exemplo prático: eu tenho um PDF chamado *10 templates de copy*. Eu entrego dez modelos prontos e extremamente detalhados de cartas de vendas que funcionam como guia. É claro que isso gera um sentimento de recompensa imediata no público. Mas não para por aí. É comum a maioria pensar que devem existir mais modelos como esse – "Como eu consigo?", "Eu quero mais!", "Eu preciso aprender a fazer isso!".

Em outras palavras, se o seu ímã digital conseguir criar essa recompensa imediata, fica mais fácil que o seu público deseje repetir a dose. Ou seja, pense em materiais que possam dar uma grande recompensa para os novos leads. Deixe que eles sintam o gosto – e não só isso: deixe que eles recebam uma quantidade razoável dessa solução. Uma "dose" capaz de criar o desejo de algo a mais.

Aqui você pode organizar modelos, templates, checklist... tudo aquilo que consiga gerar uma recompensa imediata para a audiência.

4. ESTRATÉGIA DO LEAD ALUNO

Este é um ímã que poucos sabem usar da maneira correta, mas, se você entender o princípio, ele pode gerar um efeito viral incrível para a sua empresa. Se você errar, pode atrair apenas curiosos que nunca comprarão absolutamente nada. Vamos entender o que é a estratégia do "lead aluno".

A ideia aqui é transformar o lead em aluno o mais rápido possível. Como? Convidando-o para assistir a uma aula experimental.

A ideia é que seja a primeira aula do seu programa. Mas é importante levar em consideração algo muito importante: se a sua primeira aula não estiver preparada para vender o seu curso, ou seja, não tiver uma bela apresentação de como será a experiência, é essencial que você grave uma. Eu tenho o hábito de criar aulas com pouco mais de uma hora de duração e, nesse tempo, entrego todo o conteúdo do programa e faço uma primeira aula bem completa. No fim dela, apresento a continuidade do curso como uma opção para o aluno. Simples, certo? E serve também para o público mais cético que gosta de experimentar algo antes de dar o próximo passo.

5. ESTRATÉGIA DO RISCO REVERSO

Essa é uma estratégia de construção de audiência que recomendo para quando você deseje escalar as suas vendas. Se está começando do zero, recomendo que espere um pouco mais para ativar essa técnica. A ideia aqui é bem simples: as pessoas se cadastrarão na sua lista para experimentar determinado produto.

Caso elas queiram continuar, pagarão após sete dias. Caso contrário, podem cancelar. Você foca exatamente isto: "Faça o seu cadastro para experimentar gratuitamente por sete dias". No caso do aluno, você não estará liberando apenas a primeira aula, mas, sim, **todo** o treinamento. Eu recomendo que faça isso com cursos complementares, nunca com o treinamento principal. Eu faço isso com o meu treinamento "Palestras lucrativas de R$ 47".

A ideia aqui é criar uma situação de risco reverso, na qual o cliente não tem nada a perder. Geralmente, esse tipo de estratégia atrai um público que está mais frustrado com outros treinamentos e por isso decidiu não comprar nada por enquanto. Mas uma promessa como essa, com um risco reverso tão forte, tende a ativá-lo para uma nova tentativa. Por isso, gerar leads com o risco reverso pode ser algo tão forte em determinados nichos.

É raro alguém fazer isso. E, quando é feito, tende a viralizar. Podem aparecer pessoas querendo apenas experimentar gratuitamente? Sim, assim como existem pessoas que só ficam consumindo conteúdo gratuito e nunca compram nada. Mas é muito comum que curiosos se tornem clientes. A taxa de conversão imediata, baseada nas minhas campanhas e nos projetos que acompanho, tende a passar da marca dos 5%.

Essa é uma visão geral das cinco estratégias. Cada uma pode gerar determinado volume de leads para a sua empresa todos os dias e cada uma delas tem o potencial de atrair certo perfil de cliente. Se você usar as cinco estratégias, será capaz de conversar em um nível emocional com praticamente todo o seu mercado.

Percebe como existe toda uma técnica para construir audiência? É preciso ter muita clareza sobre cada uma dessas estratégias. Caso contrário, você corre o risco de perder tempo e dinheiro atraindo pessoas que nunca comprarão absolutamente nada. Ou, então, você sempre ficará falando com um número muito pequeno de pessoas. Em outras palavras, sempre vai vender menos do que poderia.

A ideia aqui é criar uma situação de risco reverso, na qual o cliente não tem nada a perder.

CAPÍTULO 9

COMO TORNAR O SEU NOME UMA FONTE DE CREDIBILIDADE E AUTORIDADE

CAPÍTULO 9: COMO TORNAR O SEU NOME UMA FONTE DE CREDIBILIDADE E AUTORIDADE

EU PRECISO QUE VOCÊ ENTENDA ALGO MUITO IMPORTANTE: SER CONSIDERADO ALGUÉM COM CREDIBILIDADE É MAIS IMPORTANTE DO QUE SER APENAS FAMOSO. A INTERNET ESTÁ REPLETA DE PESSOAS FAMOSAS, PORÉM SEM CREDIBILIDADE COM BOA PARTE DO PRÓPRIO MERCADO. EU NÃO ESTOU FALANDO DE SER RESPEITADO, MAS DE SE TORNAR UMA FONTE, UMA REFERÊNCIA PARA O SEU PÚBLICO.

Quando decidi começar a escrever livros como este, não sabia que isso me levaria para uma posição tão privilegiada no meu nicho. Confesso que foi tudo muito por acaso. Na verdade, foi mais uma frustração do que necessariamente uma estratégia em si. Deixe-me contar essa história...

Quando comecei o meu negócio como consultor de marketing digital, todas as minhas vendas aconteciam através de indicações ou prospecção off-line, o que, hoje, também acontece com muitas pessoas que estão patinando na internet. O ponto é que o público de indicação é diferente do público "da internet".

Eu estava acostumado a negociar 1 a 1, sabia o que o público precisava ouvir, já tinha experiência com vendas off-line. Mas, quando fui para a internet, foi bem complicado. Comecei a gravar vídeos, a escrever artigos, a colocar intensidade nas ações on-line, mas sentia que nada daquilo estava valendo a pena. Pelo contrário, sentia que aquilo poderia até estar me prejudicando.

Lembro-me de improvisar um pequeno estúdio no apartamento em que eu morava. Peguei uma luz bem forte, que me fazia ficar todo suado nos vídeos. As crianças gritavam na rua, os cachorros latiam, os gatos miavam, a moto passava, eu esquecia o que estava falando. Foi bem frustrante no começo, pois me sentia desconfortável, ficava

CLIQUE AQUI

em dúvida se o que falava era mesmo o melhor conteúdo, se aquilo me ajudaria a vender. Por muitas vezes, eu gravava e não publicava por achar que o vídeo não estava bom ou porque o áudio falhava.

Eu me lembro, como se fosse hoje, de um fim de semana em que parei, abri o Word e digitei "SEO na prática – Como transformar o Google no seu melhor vendedor" e comecei a escrever. Passei pouco mais de duas horas e meia sentado escrevendo sem parar. Quando terminei, senti que finalmente tinha conseguido passar uma mensagem com começo, meio e fim. Então liguei a câmera e disse: "Oi, aqui é o Natanael Oliveira e hoje eu quero falar sobre o meu novo e-book".

Ufa!

Agora sim eu tinha um propósito para gravar e uma estratégia mínima para executar. Eu não estava só tentando ganhar autoridade com conteúdos aleatórios, mas aparecia na internet com foco em gerar audiência para as minhas ofertas. Em sete dias eu gerei 2.503 leads. Foi insano! Isso aconteceu em 2011. Obviamente, nessa época o orgânico era muito forte, quase ninguém fazia isso, ou seja, dificilmente você conseguirá alcançar hoje um resultado assim sem anúncios.

Não é impossível, mas é pouco provável. No entanto, se continuar seguindo as orientações deste livro, você terá um plano para a construção da sua autoridade on-line. Fique com este primeiro aprendizado: você está na internet para construir audiência para as suas ofertas.

Eu vou repetir:

CONSTRUIR AUDIÊNCIA PARA A SUA OFERTA!

Ficou claro?

Outro erro de tantos profissionais é que eles ficam construindo audiência sem o propósito claro de levar pessoas até uma oferta.

Você está na internet para construir audiência para as suas ofertas.

Isso não faz sentido, mas é o que a maioria de nós acaba fazendo. Pode prestar atenção: aqueles que mandam você produzir conteúdo já têm algo para lhe vender. Eles estão produzindo conteúdo porque querem lhe vender algo mais para a frente. Mas, se você não tem uma oferta, não faz sentido a produção de qualquer conteúdo. Ou seja, primeiro você precisa de algo para vender, uma oferta clara, para depois começar a ativar a sua estratégia de geração de audiência e autoridade.

Mas eu ainda não tenho certeza do que vou vender, você talvez pense. Não tem problema, venda algo que você ainda não tem certeza se é o que você continuará vendendo. Mas faça isso com coisas simples como e-books. Eu vendi um e-book chamado *Empreendedorismo digital: como usar a internet para alavancar a sua carreira*. Eu vendi e hoje não vendo mais. Eu falei sobre esse assunto e hoje não falo mais.

O e-book que comentei, o *SEO na prática*, e todos os treinamentos que eu já vendi sobre SEO não são mais vendidos por mim, pois utilizo esse e-book como bônus para os meus programas. É normal que, com o passar do tempo, você possa mudar temas centrais da sua comunicação.

Além disso, tenho muitos alunos que me acompanham desde essa época, mas você não precisa tratar a sua presença on-line como algo 100% definido e imutável. É necessário construir a audiência pensando no cliente, senão não funciona.

O PODER DO CONTEÚDO SECRETO, ORGANIZADO E CONTEXTUAL

A sua meta principal é mostrar que você entende do assunto do qual fala, mas essa não é a única. Você precisa mostrar que sabe o que está acontecendo e que consegue se tornar uma autoridade ainda maior quando mostra que sabe o que vai acontecer.

Preste atenção nestes três níveis:

1. **Eu entendo desse assunto.**
2. **Eu sei o que está acontecendo.**
3. **Eu sei o que vai acontecer.**

Quando um especialista é chamado para uma entrevista, existem três níveis:

1. **Aquele que é chamado para falar sobre determinado tema.**
2. **Aquele que é chamado para comentar algo que está acontecendo.**
3. **Aquele que é chamado para fazer previsões sobre o que poderá acontecer.**

Desses três especialistas, qual você acha que ganha mais?

Pois é. Aquele que consegue unir as três habilidades: sabe falar do assunto, sabe explicar o que está acontecendo e consegue demonstrar que entende o rumo da situação no futuro.

Espero que o leitor consiga entender o quanto isso é poderoso. É puro ouro. Mudou completamente a minha maneira de construir audiência, pois eu sabia que precisava desenvolver mais os elementos 2 e 3.

E a melhor parte é que vou ensinar isso nos telefones. Para isso, vamos retomar um pouco as nossas cinco estratégias:

1. **Estratégia da solução incompleta;**
2. **Estratégia do despertar de consciência;**
3. **Estratégia do gerador de necessidades;**

CLIQUE AQUI

---

4. **Estratégia do lead aluno;**
5. **Estratégia do risco reverso.**

E então temos a seguinte relação:

- Responsável por mostrar que você entende de um assunto: estratégias 2 e 3
- Responsável por mostrar que você sabe o que está acontecendo: estratégias 4 e 5
- Responsável por mostrar que você sabe o que vai acontecer: estratégia 1

COMO DESATIVAR A BARREIRA MENTAL PARA GERAR AUTORIDADE, CREDIBILIDADE E DESEJO DE COMPRA PELO SEU PRODUTO/SERVIÇO

Todos nós temos um mecanismo de proteção que eu gosto de chamar de "barreira mental". Um dos elementos que faz com que essa barreira mental tenha uma falha é o elemento surpresa. Um exemplo: você está em determinado ambiente, alguém lhe pede algo ou fala algo que você não esperava. A pessoa termina de falar e vai embora. Depois de alguns minutos, você para e pensa em algo que poderia ter respondido, mas não o fez. Você foi surpreendido, não teve tempo hábil de reação. Não deu para processar a informação completamente.

Existem pessoas que são mestres nisso. Elas deixam para pedir algo em pessoa, só para ficar mais difícil receber um não. Mas agora imagine que você foi avisado antecipadamente: "Escuta, fulano vai ligar para você em cinco minutos e vai lhe pedir 5 mil reais emprestados". Você terá tempo hábil para processar a informação, decidir

CAPÍTULO 9: COMO TORNAR O SEU NOME UMA FONTE DE CREDIBILIDADE E AUTORIDADE

se emprestará ou não, o que pode usar como justificativa, enfim, criar um plano mental.

No mundo on-line você não precisa ficar tentando pegar as pessoas de surpresa. Mas o efeito do que eu vou ensinar é muito parecido, pois existe uma combinação muito poderosa de argumentos para usar no seu conteúdo que cria desejo, credibilidade e gera uma recompensa emocional muito forte. É a chamada "abertura e fechamento de *loops*"; quando você tem uma apresentação fácil de entender, com alterações claras de serem compreendidas pela mente do seu público.

Como em um filme em que o ator principal está perdendo a luta e, de repente, consegue se recuperar; é assim que a sua estratégia de conteúdo pode transformá-lo em uma autoridade. Você precisa adicionar o elemento mistério, a revelação e o tutorial na apresentação do seu conteúdo.

Imagine que eu faça um conteúdo com o seguinte título: "Como gerar mil leads por dia sem depender de um gestor de tráfego". Repare que o título já possui um elemento curioso (os mil leads sem precisar de um gestor de tráfego). Agora, acompanhe o desenvolvimento.

Eu gosto muito da ideia de que todas as empresas tenham um gestor de tráfego ultraqualificado capaz de gerar resultados incríveis. Mas, na prática, isso ainda está bem longe de acontecer. É verdade que muitos estão estudando, mas poucos têm experiência. Ou seja, muita teoria, quase nenhuma prática.

*A má notícia? Eles querem treinar isso com o **seu dinheiro**... e cometerão erros com o seu cartão de crédito. Bem, esse não parece o melhor cenário, certo? Você não pode fazer tudo sozinho, mas também não quer arriscar o seu dinheiro com quem não tem experiência, e também não pode pagar (pelo menos por enquanto) alguém muito experiente.*

O que fazer, então? Eu vou simplificar a sua vida.

Que tal começar com uma simples meta de mil leads por dia? Você consegue fazer isso sem obrigatoriamente precisar de um gestor de tráfego.

CLIQUE AQUI

Deixe-me explicar melhor sobre a chamada acima: eu poderia ter entregado o conteúdo e, então, começado a oferta. (A propósito, existe de verdade esse treinamento. Se quiser minha ajuda para construir a sua lista de e-mails, vale a pena aproveitar essa oferta.) Se você ler mais uma vez com atenção, vai reparar que eu não quero apenas entregar um conteúdo, quero criar um mix de sentimentos na mente do meu público. E é exatamente isso que gera autoridade, credibilidade e desejo pelo seu produto. Ou seja, você não precisa ficar apenas pensando em termos de tráfego, cliques, segmentação.

É muito simples: comece pensando sobre o que pode ativar as emoções da sua audiência. Na maioria das vezes é o que vai fazer com que você gere muito mais audiência, com um custo muito menor e com um lucro de duas a três vezes maior.

Pegou a ideia? Então é isso!

Vamos continuar o assunto no próximo capítulo.

Você precisa adicionar o elemento mistério, a revelação e o tutorial na apresentação do seu conteúdo.

CAPÍTULO 10

A MANEIRA MAIS PODEROSA DE ENGAJAR A SUA AUDIÊNCIA

CAPÍTULO 10: A MANEIRA MAIS PODEROSA DE ENGAJAR A SUA AUDIÊNCIA

É COMUM RELACIONAR AUDIÊNCIA COM ENGAJAMENTO E MAIS ENGAJAMENTO COM AUTORIDADE. NA PRÁTICA, ENTRETANTO, ESTAMOS FALANDO DE FASES E METAS MUITO DIFERENTES. EXISTEM ALGUNS MODELOS DE NEGÓCIOS QUE SÃO BASEADOS SOMENTE EM AUDIÊNCIA. A MONETIZAÇÃO ACONTECE POR MEIO DA AUDIÊNCIA. UM PORTAL DE NOTÍCIAS VENDE IMPRESSÕES DE BANNERS E VISUALIZAÇÕES EM VÍDEOS. QUANTO MAIS AUDIÊNCIA, QUANTO MAIS CLIQUES, MAIS FÁCIL FICA VENDER PUBLICIDADE. NÃO É NECESSÁRIO ENGAJAMENTO, NÃO É ISSO PELO QUE OS ANUNCIANTES ESTÃO PAGANDO. ELES PAGAM PARA APARECER.

Por outro lado, temos os influenciadores digitais que precisam de um alto nível de engajamento. Quando uma marca contrata um influenciador, é óbvio que está buscando mais visibilidade, porém para um público engajado com o influenciador. A marca quer um endosso, um fortalecimento maior entre ela e o público do influenciador. Quando uma marca como a Adidas, que já é extremamente conhecida, contrata um influenciador, a meta não é reconhecimento de marca.

Muito bem. Agora que elencamos esses pontos fundamentais, vamos para o terceiro, que é o da autoridade. Mas, antes, é preciso estabelecer mais uma diferença importante entre ser conhecido e ser reconhecido. Existem muitas pessoas conhecidas na internet, porém sem um verdadeiro reconhecimento por uma parte da audiência. Talvez você conheça alguns profissionais da sua área, já assistiu a alguns vídeos, sabe quem são, porém essas pessoas não são uma referência para você.

Não é alguém de quem você siga os conselhos ou tenha o desejo de usar como modelo. Por isso existe uma grande diferença entre ser conhecido e reconhecido. Mas por que essa diferença conceitual é tão importante?

É preciso estabelecer mais uma diferença importante entre ser conhecido e ser reconhecido.

CAPÍTULO 10: A MANEIRA MAIS PODEROSA DE ENGAJAR A SUA AUDIÊNCIA

Existe uma estratégia específica para construir audiência, uma estratégia específica para gerar engajamento, uma estratégia específica para se tornar conhecido e também existe uma estratégia específica para criar autoridade, gerar audiência, engajamento e reconhecimento, tudo ao mesmo tempo. Qual delas você escolheria? Eu imagino que a última, certo?

O que eu acabei de fazer com você no começo deste capítulo representa a base dessa estratégia. Quando eu começo o texto apresentando uma diferença entre elementos conhecidos em um mercado, isso envolve uma estratégia de geração de audiência. Ou seja, falar de assuntos que as pessoas já conhecem é a maneira mais fácil de gerar tráfego. Mas isso não é tudo.

Quando eu começo a apresentar uma visão diferente sobre um assunto que é conhecido, isso gera um engajamento maior. Afinal, a pessoa está tendo a oportunidade de conversar sobre um assunto que já conhece, mas aprendendo novos elementos. É natural que isso gere um desejo por engajar, por participar da conversa de modo ativo.

Por último, quando começo a ensinar algo diferente, baseado em algo familiar para você, isso causa um efeito de autoridade. Em outras palavras, não se trata de quantidade ou da qualidade do conteúdo, mas, sim, do impacto do seu conteúdo.

Por isso, antes de criar novos materiais para se promover on-line, sempre faça as seguintes perguntas:

1. **Esse é um assunto com o qual as pessoas estão familiarizadas?**
2. **Existe algum elemento novo que eu possa destacar (do qual quase ninguém fala)?**
3. **Isso gera uma primeira vitória imediata? (Ou seja, faz com que o público tenha um momento A-HA?)**

Essas são as três perguntas básicas para ajudá-lo a decidir se uma informação pode ser útil ou não na hora de construir a sua autoridade on-line.

CLIQUE AQUI

AS QUATRO MANEIRAS DE CRIAR UMA ROTINA DE GERAÇÃO DE AUTORIDADE ON-LINE

Agora que você entendeu o que significa criar autoridade, podemos falar sobre rotina. Pense em vídeos, textos e apresentações ao vivo. Para cada um desses formatos de entrega de conteúdo, alguns elementos precisam de atenção especial. O mais importante neste primeiro momento envolve identificar o que será viável para você. Não adianta falar que o vídeo é melhor se você, neste momento, consegue apenas escrever textos. O impacto é o elemento mais importante, mas não podemos ignorar a frequência, ou seja, o volume de produções, principalmente no início. Se agora for mais fácil e viável para você escrever textos, faça isso.

Crie e-books, venda, crie versões gratuitas, movimente o seu mercado. Se no seu caso você prefere gravar vários vídeos em um só dia e deixar rodando durante o mês, faça. Se gosta de fazer ao vivo, de interagir, faça. Gosta de tudo e se acha capaz, neste momento, de executar todos? Siga em frente! Mas é importante entender as características de cada estratégia.

O poder do texto na construção da autoridade on-line

Escrever para vender é uma arte – e, felizmente, uma que pode ser aprendida. Quando você escreve para a web, precisa levar em consideração que, via de regra, as pessoas só lerão dois tipos de texto:

1. **Oportunidade de ganho imediato.**
2. **Busca por um alívio imediato.**

Você quer ler algo que possa trazer um aprendizado único, algo que perceba que é um tesouro encontrado no meio de um grande mar de informações superficiais e básicas. E você se interessa em

CAPÍTULO 10: A MANEIRA MAIS PODEROSA DE ENGAJAR A SUA AUDIÊNCIA

ler (com detalhes) aquilo que fale de algum problema que o esteja incomodando profundamente. Esses são os dois botões de leitura. No caso do ganho imediato de oportunidade, existem dois atalhos para fisgar novos leitores:

1. **Use números:** "As quatro fases", "Os cinco passos", "As cinco estratégias".
2. **Conte experiências:** "Os bastidores de como EU consegui X, Y e Z", "A estratégia que estão utilizando para conseguir 1, 2 e 3".

É importante estabelecer de cara com qual dos dois estímulos você está trabalhando. Quando eu defendo a ideia das quatro estratégias de construção de autoridade on-line, também uso como base os diferentes estímulos, por exemplo:

1. **Gerador de necessidade:** Quando eu falo para a minha audiência que "existem X maneiras para construir autoridade on-line", imediatamente isso pode ser percebido como um ganho imediato. Primeiro porque eu limitei em um número, e segundo porque eu prometo explicar cada uma. Isso gera desejo imediato.
2. **Despertar de consciência:** Quando eu falo sobre "a diferença entre ser conhecido e reconhecido", imediatamente eu gero um momento A-HA! Além disso, o público agora passa a pensar: "Isso faz sentido. Eu preciso mudar a minha estratégia para me tornar reconhecido". Bingo! Despertar de consciência.

O mesmo acontece com todos os outros elementos: lead aluno, risco reverso, solução incompleta. Todos estão baseados na ideia de apresentar uma grande oportunidade ou gerar um grande alívio.

CLIQUE AQUI

O poder dos vídeos gravados

Aqui não se trata de ensinar, mas de gerar insights. É muito difícil passar uma mensagem completa através de vídeos gravados, porém você consegue criar momentos marcantes na mente do seu público. E são esses momentos que podem ter influência direta na construção da sua autoridade e na geração de vendas.

Assim como acontece nos filmes, existem cenas que marcam, aquelas que você não esquece, mas também há muitos outros trechos dos quais você pode se esquecer completamente ou nem prestar tanta atenção assim aos detalhes. Por isso é normal que, na segunda vez que assiste a um filme, você consiga perceber cada vez mais detalhes. O mesmo acontece com o seu vídeo: menos é mais.

Não tente criar o vídeo perfeito, mas pense na sequência perfeita. Trate os seus vídeos como parte de um todo e não como uma peça isolada. Mesmo que o seu público não assista a todos os vídeos da sua série, ele conseguirá pegar a mensagem principal.

Grave bem essa parte: série de vídeos

Busque criar séries temáticas de dois ou três vídeos sobre determinado tema. Isso permitirá que você avance progressivamente no assunto escolhido. Não estou falando de dividir dicas em parte 1, 2 ou 3, mas de criar uma mensagem de impacto em série.

Eu tenho uma série sobre criar e vender produtos digitais. No primeiro vídeo eu falo sobre como criar um posicionamento único. No segundo vídeo eu falo sobre como analisar o ciclo de um produto. No terceiro vídeo eu falo sobre a criação de um mix de produtos e a estratégia de venda diária. É a evolução do tema em fases, não o mesmo assunto dividido em dicas. Pegou a ideia?

Apresentações ao vivo

Na apresentação ao vivo, o mais importante é criar uma linha lógica para a condução da sua mensagem. O seu público precisa sentir o

CAPÍTULO 10: A MANEIRA MAIS PODEROSA DE ENGAJAR A SUA AUDIÊNCIA

movimento contínuo da sua apresentação e, ao vivo, essa apresentação precisa ter uma variação contínua nos estímulos emocionais.

Você não pode passar muito tempo interagindo, tampouco pode passar muito tempo no mesmo slide ou tópico: é preciso movimentação. Uma dança orquestrada de informações (conteúdo) e estímulos emocionais.

Por exemplo, vamos pegar uma apresentação de 30 a 45 minutos. Nos primeiros três minutos: apresentação geral do tema, quais são os benefícios para quem vai assistir, alguma história que ilustre essa oportunidade. Por mais uns dois minutos: interação com o público, falar mais sobre vocês, sobre a cidade, o que você está buscando quando o assunto é X. Depois, pode seguir desta forma:

- 5-10 minutos: tópico 1;
- 1-2 minutos: história para reforçar o tópico 1;
- 1-3 minutos: interação. "Ficou claro?", "Conseguiu se identificar?";
- 5-10 minutos: tópico 2;
- 1-2 minutos: história para reforçar o tópico 2;
- 1-3 minutos: interação. "Ficou claro?", "conseguiu se identificar?";
- Início da oferta oficial + interação. Aqui não existe um tempo predeterminado. É importante você planejar até o momento da oferta oficial. Depois, você estará interagindo com as pessoas. Se a conversa estiver contínua, com perguntas e dúvidas sendo feitas, você pode responder por mais trinta minutos, completando uma hora.

Porém, tenho uma recomendação importante: não passe muito tempo nas perguntas e respostas após a oferta, exceto se a pergunta tiver uma relação direta com o seu produto ou serviço. É comum que pessoas que nunca comprarão nada comecem a fazer consultas individuais que, em muitos casos, fogem muito do tema central da apresentação e da oferta. Simplesmente ignore ou deixe claro: "Essa pergunta foge do tema, vamos deixar para outra oportunidade". Claro que depende do volume, mas você não pode ficar interrompendo o raciocínio a todo instante.

Muito bem. Falamos sobre as três rotinas (texto, vídeo gravado e apresentação ao vivo) e sobre as recomendações para cada uma. Ademais, você conheceu as quatro estratégias, aprendeu sobre barreira mental, diferença entre audiência, engajamento e construção de autoridade. Também entendeu os pilares que podem transformar você em uma autoridade na sua área de atuação.

E agora, qual é o seu próximo passo? Implementar e implementar. Comece imediatamente a colocar isso para rodar na sua estratégia diária. Eu gosto de dizer que existem pessoas que não entenderam 100%, mas fizeram 100%. E outras pessoas que entenderam 100%, mas não fizeram 100%. Comece a implementar imediatamente. Isso o colocará no grupo que consegue resultados de verdade.

E se eu quiser ter resultados ainda maiores, o que preciso fazer? Se quer levar a sua autoridade para outro nível, o seu próximo passo ideal é trabalhar as suas habilidades como copywriter. Cada peça de conteúdo que você produzir usando técnicas avançadas de copywriting podem levá-lo ao próximo nível. ==A maneira mais poderosa para criar posicionamento no seu mercado envolve justamente criar um discurso único, uma copy bem-feita e persuasiva.==

Se quer levar a sua autoridade para outro nível, o seu próximo passo ideal é trabalhar as suas habilidades como copywriter.

CAPÍTULO 11

O MANUAL PRÁTICO PARA A SUA EMPRESA VENDER TODOS OS DIAS

CAPÍTULO 11: O MANUAL PRÁTICO PARA A SUA EMPRESA VENDER TODOS OS DIAS

CHEGAMOS À ÚLTIMA ETAPA DA NOSSA JORNADA, E ESSE É O MOMENTO DE REUNIR TODAS AS PEÇAS PARA A CRIAÇÃO DE UMA ESTRATÉGIA DE VENDAS COMPLETA PARA A SUA EMPRESA. MAS, ANTES DE NOS APROFUNDARMOS EM CADA UM DOS PILARES DO NOSSO MANUAL, É IMPORTANTE APRESENTAR UMA ORIENTAÇÃO GERAL DE COMO UTILIZAR ESTE GUIA DO JEITO CERTO.

==O ponto mais importante é entender como conectá-lo, de um modo geral, com todas as suas leituras anteriores e as futuras sobre marketing digital, negócios e vendas.== É normal que muitos livros, tanto nacionais como internacionais, apresentem uma visão específica do autor sobre a melhor maneira para gerar resultados em vendas.

O meu objetivo foi seguir um caminho ainda inexplorado na literatura do mundo dos negócios. Em vez de procurar algo completamente diferente de tudo o que é ensinado, decidi unir aquilo que existe em comum, identificando e organizando os padrões.

Não importa qual o autor ou a época do livro ou do estudo; se você analisar com cuidado, identificará inúmeros conceitos que, apesar de serem apresentados com nomes diferentes, possuem, em essência, o mesmo sentido. A maioria dos autores no mercado de marketing digital vão apresentar as fases de atração, engajamento e conversão – conceitos semelhantes aos que foram apresentados neste livro, nas fases de segmentação, engajamento, oferta e reset de atenção.

Esses conceitos e etapas representam uma espécie de lei imutável no mundo das vendas, pois se trata de um processo natural de comunicação, como citado na referência da criação do processo AIDA (atenção, interesse, desejo, ação). A fase da atenção pode ser apresentada como o momento de atrair, segmentar. O momento do interesse e desejo pode ser entendido como o momento de engajar. Já a chamada para a ação envolve a fase final da conversão.

CLIQUE AQUI

Eu poderia apresentar inúmeros exemplos de como os conceitos se conectam, pois estamos falando há séculos sobre o mesmo processo, porém com uma visão cada vez mais sofisticada. No entanto, nos últimos anos, em vez de continuar aprimorando algo que está consolidado, houve uma tentativa de alterar peças fundamentais desse processo; por exemplo, no lugar de atrair clientes apresentando uma oferta irresistível, muitos começaram a atraí-los focando somente a apresentação de novos conteúdos.

Isso criou uma série de pré-requisitos que fará ser difícil para os novatos no mundo digital – e até mesmo pessoas mais experiências que, por sua vez, possuem uma estrutura empresarial mais consolidada – permanecerem nesse tipo de rotina. Todos esses pontos e argumentos foram apresentados e discutidos ao longo dos capítulos anteriores. Em nossa última etapa juntos, vamos entender o melhor passo a passo para conseguir resultados para a sua empresa de uma maneira simples, viável e contínua.

O Instagram está deixando as pessoas emocionalmente doentes e as empresas financeiramente em risco. No ano de 2019, uma mudança nessa rede social deixou claro como as mídias sociais afetam emocionalmente os seus usuários, em especial, os usuários brasileiros. O Instagram decidiu remover a visualização dos *likes* com o objetivo de reduzir a pressão de aprovação social em cada um dos posts. Usuários demonstravam extrema ansiedade logo após a publicação de uma postagem na rede social, alternando de uma alegria intensa quando recebiam muitos *likes* para tristeza e frustração quando o post não gerava uma resposta positiva. De acordo com uma pesquisa divulgada pela Statista,[24] o Brasil é o terceiro país no ranking de usuários na plataforma Instagram, perdendo apenas para a Índia e os Estados Unidos. Apesar de ser muito possível existir essa possibilidade em

---

[24] MAICOM. Brasil é o 3º país com mais usuários ativos no Instagram em 2021. *ABC Repórter*, 15 abr. 2021. Disponível em: https://abcreporter.com.br/2021/04/15/brasil-e-o-3o-pais-com-mais-usuarios-ativos-no-instagram-em-2021/. Acesso em: jul. 2021.

termos populacionais, não acredito completamente nos números finais, porque não foi levada em consideração a quantidade de perfis por indivíduo, ou seja, pessoas que possuem inúmeros perfis *fakes*, ou seja, com identidades falsas.

A pergunta é: isso é algo a ser comemorado ou algo com que, como empresários, devemos nos preocupar? Particularmente, eu me preocupo como empresário e como ser humano, pois é notório como o uso das mídias sociais, em especial o Instagram, pode ser nocivo à saúde mental.

Esse é um dos motivos que me levam a explorar tanto o assunto vendas nas mídias sociais, pois essa é uma oferta para livrar as pessoas de uma utilização fútil e sem propósito da rede. E isso nos leva à primeira regra prática do nosso manual.

1. TRATE A SUA EMPRESA COMO UMA FRANQUIA NAS MÍDIAS SOCIAIS

O primeiro passo para iniciar essa jornada envolve acompanhar os seus ganhos financeiros. Faça um registro do seu faturamento mensal hoje. Quanto você está ganhando por mês com o seu projeto? Faça esse registro para que possamos acompanhar a sua evolução durante os próximos dias. Faça a seguinte anotação:

- Faturamento mensal: R$ _____,___
- Faturamento semanal: R$ _____,___
- Faturamento diário: R$ _____,___

CLIQUE AQUI

EXERCÍCIO 1

Agora, tente estabelecer qual é a sua rotina atual de vendas utilizando as mídias sociais. Lembre-se: eu não estou falando das novas estratégias que você aprendeu durante esta leitura; estou pedindo um registro de tudo o que você já fez até então.

CAPÍTULO 11: O MANUAL PRÁTICO PARA A SUA EMPRESA VENDER TODOS OS DIAS

EXERCÍCIO 2

Eu vou fazer uma sugestão muito prática de rotina, e você logo perceberá que boa parte da sua lista de atividades atual será eliminada. Uma segunda informação importante envolve a sua fonte de lucro atual. O que você vende hoje que gera mais resultado para a sua empresa?

CLIQUE AQUI

Se você vende mais de um produto, qual deles gera uma resposta de vendas maior para o seu negócio por meio das mídias sociais? No meu caso, alguns dos produtos que mais me geram respostas em vendas no meu perfil no Instagram são a minha mentoria on-line, as imersões ao vivo e os livros, exatamente nessa ordem.

Existem alguns produtos que convertem mais rápido que outros nas mídias sociais, por isso é importante fazer esse tipo de acompanhamento. Imagine uma empresa que vende instrumentos musicais. Em alguns casos, vender acessórios para algum instrumento pode gerar uma resposta em vendas mais rápida do que o próprio instrumento. No entanto, em um segundo momento, pode acontecer uma série de vendas dos produtos principais da loja. ==É importante entender que você precisa tratar o seu perfil nas mídias sociais como uma espécie de "franquia" do seu negócio.== Imagine que a sua empresa se tornou uma franquia e você precisa que todos os seus franqueados sigam, essencialmente, a mesma estratégia.

Esse é um primeiro passo fundamental. No entanto, as franquias, apesar de terem uma base em comum, possuem particularidades de acordo com cada mercado. Esse é o mesmo motivo que faz a Coca-Cola possuir um sabor diferente de acordo com o país no qual ela é vendida. A fórmula é a mesma; no entanto, alguns elementos são modificados com base no interesse local.

Quando a sua empresa decide utilizar as mídias sociais como fonte de lucro e vendas, trate cada uma delas como um país diferente. O Facebook é um país, o Instagram representa outro, o YouTube é outro país, e assim sucessivamente. Mesmo que você tenha os mesmos seguidores em plataformas diferentes, o comportamento deles será diferente de acordo com cada aplicativo ou site – entenda comportamento diferente como uma maneira diferente para viver a experiência de compra.

Mas, apesar das diferenças entre as plataformas, existe uma estratégia que funciona em todas elas. Trate isso como a estratégia base

CAPÍTULO 11: O MANUAL PRÁTICO PARA A SUA EMPRESA VENDER TODOS OS DIAS

para a sua "franquia" nas mídias sociais. Isso nos leva à segunda grande regra.

2. SEMPRE COMECE POR UMA OFERTA

Como dito anteriormente, as grandes fases para gerar uma venda envolvem atração (segmentação), engajamento e conversão. O meu conselho é que você, leitor, utilize a segmentação com base na oferta, e não com base no conteúdo. Vamos entender isso em todos os seus detalhes.

Imagine que eu faça a seguinte pergunta a você: Tem vontade/sonho de viajar para Nova York? Talvez você diga que sim. Agora, e se eu perguntar se você tem dinheiro para viajar para Nova York ainda este mês? Talvez você diga que não. Quando você faz uma segmentação por oferta, o valor do seu produto é a grande segmentação e, ao mesmo tempo, a atração para a sua empresa. Sejamos sinceros: você não quer atrair pessoas que não tenham dinheiro para comprar o seu produto ou serviço.

Existe um valor cobrado e você deseja atrair pessoas que possam pagar e que reconheçam o valor da sua oferta, correto? Essa é a grande vantagem da internet! É relativamente fácil segmentar pessoas que podem comprar daquelas que não podem ou não querem comprar o seu produto/serviço, basta ofertar e mensurar.

Em vez de dedicar o seu próximo post ao compartilhamento de uma dica ou conselho, experimente criar uma oferta especial, algo que eu gosto de chamar de **oferta irresistível**. Logo após essa publicação, você terá uma resposta rápida se na sua base de seguidores existem potenciais compradores ou não.

A segmentação baseada em oferta envolve apresentar vantagens únicas, mas com um período para ativação extremamente curto. Imagine que eu diga o seguinte: "Eu acabei de liberar as vendas do

CLIQUE AQUI

meu novo livro *Clique aqui* e quem comprar nas próximas 24 horas receberá, como presente, o meu pacote completo com quatro certificações de marketing digital. Para receber o link especial, você precisa me enviar uma mensagem por DM".

Essa postagem só pode me dar duas respostas: ou existem pessoas interessadas no tema do meu livro, ou não existem. Essa é a mesma lógica para a sua presença on-line, principalmente no Instagram, que possui uma das respostas em termos de vendas mais rápidas que existe. Você precisa planejar um cronograma de ofertas irresistíveis, pois isso pode gerar uma resposta imediata da qualidade dos seus seguidores. Obviamente, você não postará ofertas e mais ofertas na sequência, já que existe uma linha lógica para fazer isso.

Outro ponto importante envolve a sua estratégia de anúncios. É possível criar anúncios que, todos os dias, gerem novos seguidores para a sua empresa ao mesmo tempo que você realiza vendas. Eu chamo esses seguidores de **lucrativos**. O ponto-chave aqui é: comece pela oferta e rapidamente atrairá os clientes com maior potencial de compra e afastará os curiosos e viciados em amostra grátis.

Muitos empresários, quando decidem realizar esse teste dos seguidores, ficam muito frustrados, pois descobrem que acumularam dezenas de milhares de seguidores que dificilmente vão comprar, não importa qual a oferta. Por outro lado, se você fez um bom trabalho na construção da sua base de seguidores, a resposta de pessoas interessadas em comprar o seu produto/serviço será instantânea.

É o que eu chamo de **passagem irresistível**. Se bem que, durante a pandemia, mesmo passagens aéreas com valores atrativos não possuem o mesmo apelo. Mas você deve se lembrar da época em que as companhias criavam promoções irresistíveis e as pessoas corriam para garantir os seus tickets.

Em outras palavras, já existia o desejo de viajar, e muitos estavam esperando uma oportunidade especial ou um estímulo mais forte. É importante destacar que uma oferta irresistível não significa obrigatoriamente descontos. É possível criar uma oferta irresistível sem

Você precisa planejar um cronograma de ofertas irresistíveis.

dar nenhum desconto, apenas criando um cenário de oportunidade única, como bônus, versões exclusivas, encerramento de uma coleção ou inscrição para um evento ou treinamento. O que você precisa é responder à seguinte pergunta: qual é um bom incentivo para que as pessoas comprem o meu produto ou contratem o meu serviço agora?

Pense nas concessionárias, acompanhe as propagandas que vendem veículos na televisão – troco na troca, IPI reduzido, não paga o IPVA, feirão, série limitada, e assim por diante. Não comece a sua presença on-line sem antes definir corretamente qual será o seu calendário de oferta irresistível.

É muito importante ter dois tipos de oferta. A primeira é a oferta irresistível para desconhecidos, que será apresentada de maneira automática por meio dos seus anúncios. Ou seja, imagine criar um anúncio para apresentar o seu produto/serviço nas mídias sociais com uma oferta que possa gerar conversão imediata. Você pode criar novas e novas ofertas, mas sempre com esse olhar de atração e conversão imediata.

A segunda oferta será apresentada para quem já o acompanha, mas, por alguma razão, ainda não realizou uma compra. Ou mesmo para quem já comprou uma primeira vez, porém não comprou de novo.

Para quem não me conhece, eu faço anúncios oferecendo o meu livro físico mais um curso on-line gravado como bônus. Para quem me acompanha, eu ofereço novas imersões, novos livros, novas mentorias, sempre entregando algum benefício especial por um tempo limitado. Eu sempre repito esse ciclo, mudando apenas a oferta irresistível.

3. OFERECER UMA EXPERIÊNCIA OFICIAL É SEMPRE MELHOR QUE ENTREGAR VÍDEOS COM DICAS E TUTORIAIS

Como explicado anteriormente, a sua presença on-line não será apenas de ofertas, afinal, existem aqueles que, de fato, ainda não estão prontos para comprar. Mas é importante que você entenda o seguinte: a sua prioridade sempre será conversar com quem já está pronto para comprar. Um grande problema é que hoje muitos empresários dedicam a maior parte do tempo tentando convencer os que precisam de convencimento e simplesmente ignoram aqueles que já estão prontos para comprar.

Por esse motivo, você deve começar oferecendo, e oferecendo de verdade, com ofertas irresistíveis, escassez, urgência, sem medo de apresentar a sua proposta. Após esse primeiro momento mais intenso na oferta, você inicia a segunda fase, que envolve convidar as pessoas que ainda não compraram para uma experiência com o seu conteúdo, uma apresentação mais detalhada, por exemplo.

E tudo isso é o que fará com que você tenha uma estratégia poderosa, pois, correndo o risco de ser repetitivo, posso afirmar que um dos maiores problemas no mercado brasileiro é que muitos empreendedores produzem conteúdo sem estratégia. Começam a gravar vídeos e dicas que não fazem parte de algo maior. Depois que você ofereceu o seu produto, aqueles que não compraram, por qualquer que seja o motivo, agora sabem que você possui um produto ou serviço. A primeira meta já foi concluída. Se eles não tiverem interesse em comprar, não vão acompanhá-lo. Você fez um filtro. Aqueles que estão interessados, mas ainda não foram convencidos ou estão aguardando um melhor momento, continuarão acompanhando você. O ideal nessa segunda fase é convidar o seu público para alguma experiência mais oficial com o seu conteúdo, como uma reunião via Zoom. Da mesma forma que você fez um post ou vídeo apresentando a sua oferta irresistível, agora é o momento de criar posts e vídeos convidando as pessoas para uma reunião via Zoom ou para receberem uma série de vídeos ou textos. É importante transformar isso em algo oficial.

Mas eu não estou falando de nenhuma estratégia de lançamento ou algo do tipo; aqui o seu público já sabe o que você tem para vender,

CLIQUE AQUI

então você simplesmente conversará sobre um assunto de interesse da sua audiência e, no fim, fará uma nova oferta. É importante destacar que estamos falando de uma ação curta, algo que durará no máximo cinco dias entre o convite para participar da ação e a entrega da experiência em si.

A sua empresa precisa ter uma mentalidade como se, a partir de agora, você fosse responsável pela criação de eventos de apresentação de produtos. Lembre-se das grandes apresentações da Apple, por exemplo. A imprensa é convidada para receber informações em primeira mão sobre um novo produto. Imagine que você está convidando o seu público para uma grande apresentação sobre o seu produto/serviço, porém, antes dessa apresentação, você fará uma palestra educacional.

4. VOCÊ PRECISA TIRAR O SEU PÚBLICO DAS MÍDIAS SOCIAIS – PRINCIPALMENTE DO INSTAGRAM

Muitos empreendedores cometem o erro de publicar todos os seus conteúdos na íntegra no próprio Instagram. Por que os artistas colocam trechos de suas músicas e convidam as pessoas para o Spotify? Eu respondo: porque eles ganham dinheiro quando as pessoas escutam suas músicas no Spotify, e não quando assistem ao clipe no Instagram.

A lógica aqui é muito simples: se a sua empresa fatura quando vende produtos ou serviços, você precisa tirar as pessoas do Instagram o mais rápido possível, o que, na prática, significa levar a pessoa do Instagram para outro ponto de contato, como o WhatsApp ou o site da sua empresa, a página de vendas. Você precisa postar com o claro propósito de gerar uma próxima ação do seu público – enviar uma mensagem inbox, acessar um link na bio, enviar uma mensagem pelo WhatsApp.

Eu gosto de descrever uma série de quatro ciclos que boa parte dos usuários vivencia no mundo digital. Não existe um registro oficial desse ciclo, mas eu acredito que o leitor se identificará rapidamente com cada uma dessas fases.

A primeira fase é quando você pega o seu celular e entra no Instagram. Via de regra, a primeira coisa que você faz é olhar as notificações do seu perfil. Quem curtiu a sua foto, quem comentou, quem lhe enviou mensagens por DM. A primeira etapa do seu ciclo diz respeito 100% a você.

Já na segunda fase, você parte para o seu *feed* de notícias. Você olhará as postagens de pessoas que você segue, *stories* dos seus amigos etc. Até aqui, tudo gira em torno de você e dos seus contatos. Mas, então, entra em cena a terceira fase, a mais perigosa de todas. O momento em que você clica no botão explorar. É agora que você consumirá o conteúdo sugerido pelo próprio Instagram.

Vale ressaltar que, em uma atualização recente, o Instagram faz sugestões de conteúdo no seu *feed*, ou seja, mesmo que você não clique em explorar, será bombardeado por conteúdos criados para sugar toda a sua atenção. É assim que você começa a ficar com a mente cansada de tantos estímulos e, após longos minutos de procrastinação, decide largar o celular (a quarta fase).

Porém, alguns minutos depois, sem nenhuma real necessidade aparente, você mais uma vez pega o aparelho e repete todo o ciclo. Conseguiu se identificar com as quatro fases?

Imagine um empresário tentando vender em meio ao caos de vídeos, danças, memes e tretas. Não parece uma tarefa muito simples. Mas, quando você define a base da sua estratégia com a segmentação por oferta, tudo fica mais fácil.

Lembra-se de quando eu fiz a sugestão que, para receber determinado material ou ter acesso a um link especial com alguma oferta, o seu público deveria lhe enviar uma mensagem por DM? Há bons motivos para isso. O primeiro envolve entrar no próximo ciclo do seu público, uma vez que você consegue que o seu seguidor lhe envie uma mensagem por inbox. Quando você o responder, ele dará a sua maior atenção no momento de menor distração, ou seja, na fase 1 do ciclo.

O segundo motivo envolve um aspecto mais técnico. O Facebook nos permite rastrear todas as pessoas que nos enviam mensagem por DM no Instagram, ou seja, eu consigo criar um público personalizado, somente com as pessoas que me enviaram mensagens por DM. Na prática, isso me permite anunciar para pessoas extremamente qualificadas.

Além disso, é possível usar essa base de usuários para criar um público semelhante, conhecido como *look a like*. Então imagine que você consiga que mil usuários lhe enviem mensagens por DM no período de trinta dias. Isso dá uma média de 33 mensagens por dia. No fim dos trinta dias, você poderá transformar esses mil usuários em um público de aproximadamente 1 milhão de pessoas.

O Facebook permite que você diga para ele o seguinte: sabe essas pessoas que me enviaram mensagem por DM? Eu quero que você procure pessoas com o mesmo perfil. Bingo! Essa é uma das maneiras mais poderosas para construir audiência on-line. Primeiro, segmentando o seu público com uma oferta, quando eles enviam uma mensagem por DM; segundo, ampliando essa audiência através do recurso do *look a like*. Atualmente, a maioria dos empreendedores digitais faz um processo parecido, mas utilizam vídeos de trinta a sessenta segundos como base para a construção de uma audiência.

Eles publicam vários vídeos e registram aqueles que assistem ao conteúdo para que, em um segundo momento, possa ser feito um anúncio. Entretanto, reflita um pouco sobre isso. Será que uma pessoa que assistiu a um vídeo bem editado, com um título chamativo, possui a mesma qualidade que alguém que viu uma oferta clara, direta e mandou uma mensagem inbox pedindo mais informações?

É uma reflexão que o leitor precisa fazer.

Você precisa postar com o claro propósito de gerar uma próxima ação do seu público.

5. CRIE UMA ROTINA SIMPLES PARA SER REPETIDA TODOS OS DIAS

Em um mundo repleto de inovações como o mercado digital, aquilo que muitas vezes é considerado ultrapassado pode gerar o melhor retorno. Eu confesso que aceitar isso não foi uma tarefa muito fácil, afinal eu comecei no mercado digital com 23 anos e, na época, estudar o passado não me parecia algo tão atraente assim.

Mas hoje eu acredito que "não existe nada de novo sob a luz do sol" quando o assunto é gerar vendas. Essa é uma arte que já foi dominada há muitos e muitos anos, a literatura sobre o assunto é vasta, detalhada, rica em conceitos e embasada em experiências práticas e números extraordinários. Porém, a chegada do digital criou uma falsa sensação de que era preciso fazer algo completamente diferente do que foi feito nos séculos anteriores, o que não é verdade.

O que deveria ser uma vantagem se tornou um dificultador. Eu conheço empresários que me dizem: "Natanael, se eu tiver a oportunidade de conversar com um potencial comprador, ele vai comprar, eu consigo vender muito bem pessoalmente, mas na internet eu não consigo sair do lugar". É simples: você acreditou na ideia de que na internet você precisa fazer tudo diferente, e repito: isso não é verdade.

A cada dia que passa as pessoas entendem que o que se faz no digital gera consequências no "mundo real". Na realidade, as pessoas estão entendendo que não existe mundo digital e mundo real, existe um mundo e ponto. Quanto mais rápido você entender que a rotina da sua empresa não precisa servir ao digital, mas o digital precisa potencializar a sua rotina, mais rápido você expandirá o seu negócio.

Apesar de encerrar este livro com um guia, não faz parte do meu objetivo tentar colocar você dentro de um padrão, com um caminho único a ser seguido. O meu objetivo foi entregar orientações práticas que podem ser adicionadas ao seu momento atual dentro da sua realidade.

É importante respeitar o seu momento, não criar uma pressão desnecessária, entender que cada um possui a própria corrida, e que cada indivíduo está lidando com os próprios obstáculos. Quando você atualizar o *feed* no Instagram, talvez sinta que, se existisse uma competição, estaria em último lugar. Parece que todos estão faturando muito, que não existem problemas ou desafios em vendas, que todos estão vivendo na sua plenitude. A verdade é que todos estão vivendo as suas batalhas individuais, tanto na vida pessoal como no mundo dos negócios, por isso é crucial que você tenha uma rotina simples de ser repetida todos os dias.

Existem três atividades fundamentais para você inserir na sua rotina:

1. **Faça uma oferta todos os dias:** Separe uma parte do seu dia para fazer uma oferta do seu produto/serviço. Pode ser um post no seu Instagram, um vídeo de cinco minutos, uma *live* de dez minutos, um texto.

Uma oferta direta é composta dos seguintes elementos básicos:

- Promessa;
- Problema;
- Antecipação;
- Prova;
- Solução;
- Oferta.

Vamos imaginar um vídeo com duração de cinco a dez minutos com o seguinte roteiro:

Promessa: Olá! Aqui é o _____ e neste vídeo eu vou explicar como você pode finalmente conseguir _____.

Problema: Mas, antes, deixe-me falar sobre um dos grandes problemas que a maioria dos meus novos clientes relatam: _____.

CLIQUE AQUI

Antecipação: O que eu vou apresentar agora é algo que pode ajudar você a _____ mesmo que _____ ou sequer _____.

Prova: Aqui está um exemplo prático dos resultados que você pode alcançar depois de seguir o que eu vou apresentar agora.

Solução: Funciona assim _____ e o que você precisa fazer é _____.

Oferta: Entendeu como funciona? A boa notícia é que eu posso ajudá-lo por meio do meu produto/serviço _____. Veja como ele funciona e o que eu preparei para quem comprar ainda hoje: _____.

Você pode mudar os benefícios, falar sobre problemas diferentes, contar histórias diferentes, e assim sucessivamente. ==O mais importante é sempre conversar com a sua audiência com propósito de vendas. Se conseguir fazer isso uma vez por dia, você estará plantando uma semente de vendas todos os dias.==

2. **Faça alguma ação oficial uma vez por semana:** Pelo menos uma vez por semana, converse ao vivo com o seu público e apresente em detalhes a sua solução. Tire dúvidas, fale sobre os bastidores do seu serviço/produto e faça a apresentação de um conteúdo educacional. Convide as pessoas com cerca de dois dias de antecedência.

Você pode usar a mesma estrutura apresentada acima para convidar as pessoas para a aula. Porém, no momento da oferta, em vez de falar sobre o produto, você as convidará para participar da sua aula ao vivo.

3. **Uma vez por mês, faça alguma promoção de curtíssima duração:** Prepare alguma oferta especial que possa durar apenas vinte e quatro horas ou no máximo três dias. Algo que faça a

sua audiência correr para comprar – e aqueles que ficarem de fora sentirão que perderam uma grande oportunidade.

Isso mostrará à sua audiência que as ofertas da sua empresa precisam ser levadas a sério: ou o cliente aproveita, ou fica de fora. É provável que, após o encerramento, um grande número de pessoas o procure para dizer que não viram a oferta no momento e gostariam de comprar. Eu recomendo que você libere somente para aqueles que entraram em contato no dia seguinte.

Isso também lembrará sua audiência de que você pode criar algo inesperado, aumentando assim o nível de tensão para possíveis ofertas no futuro. Lembre-se de que tensão gera atenção.

Essa combinação de rotina é algo fácil de ser implementado rápido e pode gerar bons resultados em vendas já no curto prazo. Mesmo que você esteja começando do zero, com poucos seguidores, ainda assim é possível impulsionar as suas publicações e começar a gerar os primeiros resultados quase que imediatamente.

O mais importante é estabelecer o tripé: oferta todos os dias, ações semanais e promoções mensais. Transforme isso em um mantra para o seu negócio no digital e você terá a chance de vender todos os dias.

CHEGOU O MOMENTO DE CONSTRUIR A TORRE E ANDAR UMA MILHA EXTRA

Chegamos, então, ao fim da nossa jornada. Se você veio até aqui, meus parabéns! Mas isso não é um fim, muito pelo contrário, é o começo. O momento de construir a sua torre e andar uma milha extra.

Eu gosto muito de falar sobre a construção de uma torre por conta de um versículo da Bíblia que eu sempre uso em todas as minhas palestras – e já terminei alguns livros usando o mesmo texto.

CLIQUE AQUI

"Qual de vocês, se quiser construir uma torre, primeiro não se assenta e calcula o preço, para ver se tem dinheiro suficiente para completá-la?" **Lucas 14:28**

Jesus falou sobre planejamento. Ele nos ensinou que, antes de edificar uma torre, de começar um novo projeto, é preciso fazer as contas dos gastos, analisar se teremos os meios para acabar aquela obra. Nos versos seguintes, ele diz: "Pois, se lançar o alicerce e não for capaz de terminá-la, todos os que o virem rirão dele dizendo: 'Este homem começou a construir e não foi capaz de terminar'".

Eu quero mesmo parabenizá-lo por ter chegado até aqui. Isso mostra a sua seriedade em edificar a sua torre, avançar com o seu projeto, fazer a sua empresa crescer, avançar para o próximo nível. Muitos começam no digital todos os dias, mas, ao mesmo tempo, muitos estão desistindo todos os dias. Isso nos leva para a segunda parte, que é andar a milha extra. "Se alguém o forçar a caminhar com ele uma milha, vá com ele duas." **Mateus 5:41**

Muitos usam a frase do andar uma milha extra somente como algo motivacional, o que na prática é, porém, não da maneira como muitos imaginam. Quando Jesus falou sobre andar uma milha extra, ele estava fazendo referência a uma lei romana da época.

Naquele contexto, era lei que, se um soldado romano lhe ordenasse que carregasse o seu equipamento, você deveria fazer isso por pelo menos um milha. Jesus estava dizendo que, se alguém forçá-lo a andar uma milha, você deve ir com ele duas. É um conselho difícil, principalmente levando em consideração o contexto.

Mas estamos falando de um princípio que nos diz mais ou menos o seguinte: em cada adversidade existe uma oportunidade proporcional. O processo é muitas vezes doloroso; no entanto, a recompensa será espetacular. Há dez anos eu comecei a estudar marketing digital e me lembro de muitas vezes ficar tão frustrado por não conseguir entender determinados conceitos que eu jogava o livro no chão. Um pouco birrento, eu sei. Espero que você não faça isso com este livro.

CAPÍTULO 11: O MANUAL PRÁTICO PARA A SUA EMPRESA VENDER TODOS OS DIAS

Eu estava em um momento difícil, tinha pedido demissão para começar o meu próprio negócio, ainda estava em dúvida se tinha tomado a decisão correta, os conceitos não eram tão simples, muitos livros extremamente complicados, e eu não chegava a lugar nenhum. Mas, com o passar do tempo, tudo foi ficando mais claro, mais real.

Escrever um livro não é uma tarefa tão fácil, mas, quando eu me lembro de que, para ganhar dinheiro, eu precisava bater de porta em porta vendendo planos telefônicos e placas de comunicação visual, ganhar dinheiro escrevendo livros, vendendo treinamentos, palestrando, fazendo consultoria é o paraíso, algo muito além do que eu poderia sonhar ou desejar.

Não sei exatamente qual é a sua rotina hoje, quais são os seus ganhos e qual é o seu modelo de negócios. Mas posso dizer a você, com toda a certeza, que, após dominar os conceitos apresentados aqui, você estará pronto para ir mais longe. Terá acesso a um mundo de oportunidades que você nem sequer imaginou ser possível.

A oportunidade está agora nas suas mãos, literalmente. Esse é o momento de converter, rumo ao próximo nível. Por você, pelos seus sonhos, pelas pessoas que você ama e como uma recompensa por todo o seu esforço e dedicação até aqui. Sei que os últimos anos não foram nada fáceis, e ninguém pode prever como será o futuro, mas nós podemos estar preparados, qualificados e prontos para assumir uma posição de destaque no mercado digital. Eu acredito que essa é uma decisão, não pode ser ao acaso, você precisa desejar e decidir ou vice-versa.

Não deixe a mensagem do livro parar em você. Indique-o para os seus amigos – mas não empreste, pois a maioria não devolve, eu sei disso por experiência. Brincadeira. #Sóquenão. Enfim, você entendeu o recado.

Eu espero em breve ouvir a sua história de sucesso e descobrir como as estratégias apresentadas no livro o ajudaram a arrastar pra cima todos os seus resultados.

CLIQUE AQUI

Espero que você tenha curtido a nossa jornada juntos. Não deixe de me acompanhar no Instagram @NatanaelOliveira – mas não espere só conteúdo gratuito, pois vou lhe fazer muitas e muitas ofertas. (Eu teria feito muitas outras ofertas até aqui, mas perderia o propósito do livro.)

Mais uma vez, obrigado por sua companhia. Parabéns pela sua decisão. Desejo-lhe muito sucesso. Deus o abençoe.

VAMOS EM FRENTE
CLIQUE AQUI

Esse é o momento de converter, rumo ao próximo nível.

Este livro foi impresso pela Gráfica Rettec em papel pólen bold 70g/m² em setembro de 2021.